古代歷史文化研究輯刊

七 編

王明蓀 主編

第 13 冊

元朝衰亡文化因素之研究

張瑞成 著

國家圖書館出版品預行編目資料

元朝衰亡文化因素之研究／張瑞成 著—初版—新北市：花
木蘭文化出版社，2012〔民 101〕
序 2+ 目 2+154 面；19×26 公分
（古代歷史文化研究輯刊 七編；第 13 冊）
ISBN：978-986-254-823-3（精裝）
1. 元史　2. 文化研究
618　　　　　　　　　　　　　　　101002882

ISBN-978-986-254-823-3

9 789862 548233

古代歷史文化研究輯刊
七　編　第十三冊　　　　　　　ISBN：978-986-254-823-3

元朝衰亡文化因素之研究

作　　者　張瑞成
主　　編　王明蓀
總 編 輯　杜潔祥
出　　版　花木蘭文化出版社
發 行 所　花木蘭文化出版社
發 行 人　高小娟
聯絡地址　新北市永和區中正路五九五號七樓
　　　　　電話：02-2923-1455／傳真：02-2923-1452
網　　址　http://www.huamulan.tw 信箱 sut81518@gmail.com
印　　刷　普羅文化出版廣告事業
初　　版　2012 年 3 月
定　　價　七編 24 冊（精裝）新台幣 38,000 元

元朝衰亡文化因素之研究

張瑞成　著

作者簡介

張瑞成，東海大學歷史學系畢業、政治大學民族（邊政）研究所法學碩士、美國史丹佛大學胡佛研究所訪問學者。曾任行政院新聞局「蔣經國先生全集」特約執行編輯、彰化縣芬園鄉志編輯委員、南投縣竹山鎮志編輯委員、南投縣鹿谷鄉志副總編纂、國立勤益科技大學通識教育中心主任；現任國立勤益科技大學通識教育學院專任副教授；學術專業領域：元代史、中國近現代史、臺灣近現代史、臺灣光復史、中臺灣地方志、蔣中正蔣經國父子研究等。

提　要

　　蒙元衰亡，豈「民族革命」可為解釋？本文試由文化因素之觀點，擇其重大情節及關鍵所在，據理印證，而要略詮釋之。期予此一中國邊疆民族政權衰亡之實質，作成合理報告。

　　本論文分六章，茲摘要如下：

　　第一章，緒論。說明研究動機、目的與方法，並提出（1）文化特質；（2）涵化與同化；（3）政治文化與政治發展等三則觀念，以為其後諸章節討論之基本態度與架構。

　　第二章，元代在國史上之地位。分三節：一、元以前中國境內之邊疆民族政權；二、元史之範圍；三、元代在國史上之特殊地位。其中引衛特福格爾（Karl A. Wittfogel）氏之「征服王朝」理論，解釋蒙古入主中國建立元朝之性質。並由「正統」之說，確立其在中國歷史發展過程中之應有地位，俾可以中國傳統史觀衡量其得失。

　　第三章，元朝衰亡之一般性見解。分二節：一、元朝衰亡原因之各家解釋；二、元朝衰亡與中國歷代王朝崩潰原因之比較。本章首則敍述一般對元朝衰亡之看法，而與其後筆者所提出不同意見加以比對。次由中國「一治一亂」史觀及歷代王朝崩潰之型態，比較元朝衰亡之性質。

　　第四章，元朝衰亡之本質。分四節：一、元朝建國之特性與基礎；二、元朝文化之發展；三、衰亡之關鍵；四、元朝衰亡與主要文化因素之關係。首言元代建國之意義、規模及其隱憂。次則說明元代文化「多元性」發展，尤其漢文化與西域文化互相推移與消長，所造成文化發展上之困難、弱點及其影響。繼則引湯恩比（Arnord Joseph Toynbee）「歷史研究」巨著中對文明衰落之詮釋，藉以指出元朝衰亡之關鍵。本章即從文化特質以揭露元朝衰亡之真象。

　　第五章，元朝衰亡之基本因素。分三節：一、政治衰微之性質；二、經濟衰弱之性質；三、社會不安以至解體之性質。敍述元代領導階層腐敗而表現於實際政治之衰象，以及經濟政策偏差所造成財政衰落之事實，此二者即乃肇社會不安之因，社會不安則是政權解體之前奏。本章由文化特質加以剖析，意在端正若干有關元朝衰亡「倒果為因」之說法。

　　第六章，結論。元朝之衰亡，因素殊多。除上所述外，蒙古人在各期統治階段心理意識型態之轉變，包括元朝內部之矛盾與心理弱點，加上「奉天承運」之理想與精神喪失，影響元朝政權存亡至大。最後，總述蒙古文化之性質、帝國擴充後之文化融合，以及治理中國所持之政治取向，特別揭櫫蒙元統治中國之特異性，而藉以顯現其衰亡之實質因素。

目

次

序　言

　　民國六十三年夏，筆者畢業於東海大學歷史學系，旋服兵役。六十五年秋，進入政治大學邊政研究所，即修習邊疆語文，而接觸較爲完整之邊疆史資料。經年餘探索，決以蒙古人建立之元朝爲研究方向，定論文題目爲「元朝衰亡文化因素之研究」。

　　本文乃在蔣師君章指導下完成，蔣師平日對讀書方法與寫作要領解說至爲精詳；待初稿完成，復悉心批閱，其細密處，時有逐字逐句爲之匡正者，備極辛勞。每憶師恩，不敢或懈。

　　撰寫期間，尙蒙諸位師長及同學好友，或提示意見，或熱心幫忙與鼓勵，倂此致謝。常懷感激，益增勤奮。

　　本文得以順利完成，實應歸功於雙親多年劬勞培育。撰文之初，母親常加勖勉；今文成而母親已不及見，追念當日之情，使我心爲之酸，爰表數言，以誌吾哀。

張瑞成識於台北・深坑
中華民國六十八年五月

第一章　緒　論

　　蒙古人建立之元朝，在中國歷史上乃是一特殊之朝代。其初武功強盛，曠世罕有；及入中原建立政權，繼又返回漠北。歷時不及百年，與其武功強大殊不相稱，因素何在？頗值注意。此即筆者研究元朝衰亡之動機。

　　探討一朝一代之衰亡原因，範圍廣闊，因見仁見智，故難獲公論。英國著名史學家吉朋（Edward Gibbon 1737～1794）一生潛心羅馬衰亡原因之研究，其所著羅馬帝國衰亡史（History of the Decline and Fall of The Roman Empire）堪稱燴炙人口之作，各地評語紛沓，歷二百年猶不稍減。毀乎？譽乎？縱使毀多譽少，皆不足以動搖其在史學上著書立論之地位。蓋批評者所持之觀念及態度不同於作者時，論斷遂有歧異，故不問結論贊同與否，實亦可見批評者對該事物之特別認識與關切。爲深入瞭解元朝衰亡問題之重心，筆者乃擴大研究之領域，試透過「科際整合（Inter-disciplinary integration）」，[註1] 尤其人類學、政治學、社會學及歷史學等方法，期望對元朝衰亡之性質，產生一種嶄新之歷史意義。因此在研究過程中，初則廣泛蒐集有關之文獻及參考資料，繼則分類而觀察之，

〔註 1〕科際整合一詞，乃是因於社會科學彼此間有許多分科（sub-fields）相互重疊（overlapping）之關係，經社會科學中之行爲學派爲謀求各科間之聯繫，而倡導科際性（inter-disciplinary）與統合性（integrative）的研究，故有科際整合或統合之說。分科當中可包括（一）人類學（Anthropology）；（二）心理學（Psychology）；（三）社會學（Sociology）；（四）經濟學（Economics）；（五）政治學（Political Science）；（六）國際關係（International Relations）；（七）行政學（Administration）；（八）地理學（Geography）；（九）歷史學（History）；（十）教育學（Education）；（十一）法律學（Law）；（十二）統計學（Statistics）等等。以上參閱：魏鏞，〈社會科學的性質及發表趨勢〉（台北：台灣商務印書館，1974，原文又載於雲五社會科學大辭典第一冊《社會學》），頁 71～90。

藉以推論事實之眞相。倘有若干研究成果,非僅止於事(史)實重建(factual reconstruct),並且還企圖做合理之歷史解釋(historical interpretation),甚至要求能達到歷史應用(the implementation of history)之境界。〔註2〕本篇論文由文化因素而探討元朝衰亡,其意義與目的概基於此一前提。

　　錢賓四(穆)先生嘗言:

　　　　研究歷史,所最應注意者,乃爲在此歷史背後所蘊藏而完成之文化。

　　　　歷史乃其外表,文化則是其內容。〔註3〕

故筆者基於文化因素而探討元朝衰亡者,乃是欲對其歷史內容與眞相做進一步之理解。故文中言及元朝衰亡之本質,常歸結於文化因素。因此,宜先對文化及與文化有關之諸名詞簡單說明,以爲各章討論之基礎。其中包括(一)文化與文化特質;(二)文化涵化與同化;(三)政治文化與政治發展三項,茲分項說明如下:

一、文化與文化特質

　　關於「文化」一詞,各學者專家常據其自身立場與特定需要而界定其意義,故眾說紛云。〔註4〕心理學派之解釋與本文有關文化因素探討之重心,關係殊爲密切,故特加應用。心理學派對文化之定義:「文化係指全部的社會遺產(social heritage)而言。人類爲求生存,乃憑藉生物及地理的因素及在團體

〔註 2〕 歷史研究成果之價值有三個不同層次:第一層次,爲史實重建,即「蘭克式(Rankean)」之「說明事實一如其發生」。第二層次,爲歷史解釋,偏重於「畢爾德氏(Beardian)」之「文字記載的歷史就像信仰的行爲(Written History as an act of faith)」。第三層次,爲歷史應用,亦即取過去歷史經驗以解釋與現在有關之問題。第三層次之價值乃是今日新史觀所特推崇者,惟欲達到第三層次,必需先有第一及第二層次之工夫,始可達到。以上參閱:陳驥,《西方文明史》(台北:九思出版社,1968),「新史學導言」,頁2。

〔註 3〕 錢穆,《中國歷史研究法》(台北:三民書局,1969),序言,頁1。

〔註 4〕 各家既多根據其自身立場與特定需要而界定文化,故無一能將文化之內涵說盡。A.L. Kroeber & Clyde Kluckhohn 等所著 Culture:A Critical Review of Concepts and Definitions (Massachusetts, Cambridge:Harvard University, 1952)一書中,曾收錄各家有關文化之定義多達一百六十餘種,並觸及古今有關之人物近四百,而對各家所持之概念與定義加以評論,可供參考。又,韋正通,《中國文化概論——對傳統文化的解析》(台北:水牛出版社,1969),頁2~8。韋氏則依各家不同觀點而加以區分爲五:(一)著重文化內容之定義;(二)著重文化傳承之定義;(三)著重文化效用之定義;(四)著重文化差異之定義;(五)著重文化普遍性之定義。

生活及心理互動的過程中，創造了人為的環境及生活方式，包括了社會成員所獲得的一切知識、信仰、風俗及技能等。並無拘於物質與非物質之分。因此，文化亦可說是行動（action）、觀念（idea）及文化器物（artifact）的綜合。當一種文化形成後，由於人類心理傳授的作用，而有累積性的增加，因而在時間、空間及內容上有了差異的傾向。故在人類生活中，文化具有其普遍性、繼續性、累積性及變異性等四個主要特徵。〔註5〕

至於文化之基本單位，稱「文化特質（culture trait）」或「文化元素（culture element）」既可為具體之事物，如衣著、飲食或舟車等；又可為抽象之觀念，如思想、信仰等。若以某一組文化特質為中心，因功能之整合，〔註6〕即可成為所謂之「文化叢（cultural complex）」。而一複雜之文化叢，實為一套社會制度，亦乃社會建立所賴之行為規範或模式（norms or patterns）。〔註7〕本文側重於理解潛在（或抽象）行動與觀念上之文化意義，故折衷文化特質於思想與法制之間。

認識文化與文化特質之意義，有助於本文中對蒙古文化特質之討論。蓋蒙古「馬上文化（horse culture）」乃是草原游牧民族生活之基本型態，〔註8〕而此一生活之基本型態，實際上足以構成一文化叢，姑且名之為「馬上文化叢」，則吾人可從中解析出若干單位之文化特質，「大雅薩（The OLON YASAK）」〔註9〕

〔註5〕 引：蘇鄉雨、莊仲仁，〈文化〉（載台北：台灣商務印書館，雲五社會科學大辭典第九冊《心理學》，1976），頁27，從心理學之觀點來界定文化之意義。

〔註6〕 功能學說，首由英籍波蘭裔人類學家馬凌諾斯基（B. K. Malinowski）發表於1936年所著之《文化論（What is Culture?）》一書中；費通等於1940年迻譯成中文（重慶商務印書館，1944初版；台北：台灣商務印書館，1965），可供參考。今日學界常見之結構功能理論實源於此。本文借重功能學說，即因於文化因素與社會（或政治）結構功能之密切關聯性。

〔註7〕 以上併參閱：（一）同註5，頁27～28；（二）芮逸夫，〈文化特質或文化元素〉、〈文化叢〉（載台北：台灣商務印書館，雲五社會科學大辭典第十冊《人類學》，1976），頁35～36及62。

〔註8〕 「馬上文化」，參引：George Vernadsky, *The Mongols and Russia* （New Haven and London : Yule University Press, 1953），p.111 本書有中文譯本：札奇斯欽譯，《蒙古與俄羅斯》（台北：中華文化出版事業委員會，1955），見頁90。

〔註9〕 雅薩法典：「雅薩」又稱「扎薩」，蒙古北部方言稱「YASA」：依蒙古文語正統音則為「JASA」。「JASA」為語根，又作命令形：動詞為「JASAHU」，有「治理、修理」之意。據 Nicholas Poppe, Grammar of Written Mongolian, Wiesbaden （Germany）: Wiesbadener Graphische Betriebe GmbH, 1954, p.46, "jasa"means" to arrange", 有「排列、整理、處理」之意。其

名詞形式為「JASAG」ᠶᠠᠰᠠᠭ，一般稱「扎薩克」，作「秩序、政令、法律」解釋，今引作「法典」。因此雅薩法典應作「YASAG」。而大雅薩，應作「OLON YASAG」ᠣᠯᠣᠨ ᠶᠠᠰᠠᠭ，據蒙古語大辭典（日本陸軍省編纂，1933）上冊「和蒙之部」，頁 310 載：「OLON」為「OLAN」ᠣᠯᠠᠨ 之俗稱，而「OLAN」意為「多、眾多、大多數或公共」，參見：蒙英字典 *Mongolian-English Dictionary*（Berkeley & Los Angeles : University of California Press, 1960. Compiled by Mattai Haltod, John Gombojab Hanjin, Serge Kassatkin and Ferdinand D. Lessing），p.607，故「OLON YASAG」即「大眾法」或「大法典」之意。Vernadsky 則稱 The Great Yasa（Yasak, Jasak），Ibid., p.99。

Vernadsky 並據拉施特（Rashid ad-Din）及馬克利茲（Makrizi）之說，謂「大雅薩」最初公佈於宋寧宗開禧二年（1206），成吉思汗即位所召開「庫利爾台」大會之時；爾後於宋寧宗嘉定三年（1210）及十一年（1218）分別召開之「庫利爾台」（見第三章註 5）大會，均曾增補新律令，而其最後之訂定正可能在宋理宗寶慶二年（1226）頃，約當成吉思汗自中亞細亞凱旋後，征伐西夏之前。而 1206 年所頒佈者，乃是成吉思汗擷取當時各部族王國固有習慣法之精華，參以其個人卓見，綜合整理而成，堪稱後來大法典之雛形。

另外波斯史家志費尼（JUWAINI）述及「雅薩」之淵源時謂：「雅薩」乃是成吉思汗得自上天之啟示者；蓋「雅薩」不僅為習慣法而已，在蒙古人心目中，「雅薩」且是由成吉思汗制定之皇家法律，他們皆認為成吉思汗是奉天承命之天子，「雅薩」乃其帝國締造者智慧之集成，故普受尊崇與敬畏。成吉思汗之後裔諸系——所謂之「黃金氏族」，咸奉「大雅薩」為治國之本，施政者若違背之，則政治大業必遭危機，終難逃滅亡靈運。世代呼籲嚴守規定，通常將刊於鐵板之「大雅薩」法典供奉於鐵櫃中，慎重保管，每逢國家大典隆禮時，必取出恭讀，尤其新可汗就職時更為正式。宋濂，《元史》（台北：藝文印書館，據清乾隆武英殿刊本景印），卷二「太宗本紀」，載：

> （太宗）元年己丑（1229）秋八月己未，諸王百官大會於怯綠連河曲雕阿蘭之地，以太祖遺詔即皇帝位于庫鐵烏阿剌里，始立朝儀，皇族尊屬皆拜頌大札撒（華言大法令也）。（頁 1）

今法典條文散失不全，各家文書記載每有出入，或受征服地區風俗習慣之影響，惟其重要內容大致不相違背，其中包括國家組織、軍事紀律，社會秩序及民法、刑法等。其立法精神尤特別重視社會之安寧與人民之生活，更可從中窺見成吉思汗時代蒙古草原傳統之政治觀念。以上併參閱（一）哈勘師楚倫，〈成吉思汗與大雅薩法典〉（台北：中國邊政第六十四期，1978）頁 3～8。（二）札奇斯欽譯，《蒙古與俄羅斯》，頁 78～89。而有關「雅薩」條文之內容可參閱上述二書所載，另可參考印度史家著中亞史有關「雅薩」法典之條文二十二條（按一般所集者為三十六條）。*Mahapandita Rahula Sankrityayana, History of Central Asia*（Calcutta, New Delhi : New Age Publishers Private LTD., 1964），pp.260～262。要之，「大雅薩」法典融匯眾多蒙古草原游牧社會生活之習慣法，與若干政治理念等諸如此類之文化特質，則其內容必足以代表蒙古草原游牧社會傳統性之價值觀念。忽必烈汗入主中原，因於環境而建立元朝，而元朝之建立則已充分顯示其違背大雅薩法典中之若干精神與原則。因此，探討元朝之衰亡，實不可不對「大雅薩」法典做進一步之認識。

法典條文中所代表之若干蒙古文化特質，即匯爲吾人探討元朝衰亡之焦點。

二、文化涵化與同化

「涵化（acculturalation）」係指二或二者以上各自獨立之異質文化接觸後，而產生變遷之過程；亦有稱「文化接觸（cultural contact）」。〔註10〕「同化（assimilation）」則是「以別的文化來整個地取代本群體原有的文化所造成的涵化之結果」。〔註11〕若此，筆者以爲：異質文化之間實無完全同化之可能，蓋一文化之構成，其中根深蒂固之文化特質不易改變乃是無可爭論之事實，然有稱「半同化（semi-assimilation）」〔註12〕者，實有商榷之餘地。

文中每論及蒙、漢文化接觸時，則避免使用「漢化」或「同化」一類字眼，乃是基於上述對涵化與同化之認識。同時亦盡力消弭因有文化高低之意識偏差，所引起非客觀性之見解。蓋任何民族，無論所謂之「野蠻人」或「文明人」，其所創造之文化對其民族而言，總覺圓滿自足，故文明雖有進步與落後之別，但文化卻無高低之分。至若文化接觸過程中所產生之涵化現象，似應趨於「有益功能」或「正功能」（eufunction）〔註13〕發展，然事實上異質文化接觸後所產生之變遷之影響，對一社會內部之功能運作，一時爲福爲禍，要以吸收是否適當而定。若自視文化高尚，必欲完全同化他族文化，實爲不可能之事，故吾人於行文中不稱漢化或同化其意在此；況且蒙古草原游牧文化屬於「閉鎖性」之文化性質，涵化不易進行，其入主中原百年所受涵化之程度實不甚顯著，更談何漢化？

〔註10〕 以上併參考：（一）芮逸夫，〈涵化〉（載台北：台灣商務印書館，雲五社會大辭典第十冊人類學，1976），頁214～217。（二）吉田禎吾原著，徐人仁譯，〈文化接觸變遷的過程——若干假設的論證〉（載台北：大陸雜誌第二五卷第八期，1962，原作發表於日本：社會人類學雜誌第三期，1958，原題作〈文化變容の過程〉），頁18～22。

〔註11〕 參引：喬健，〈同化〉（台北：台灣商務印書館，雲五社會科學大辭典，第十冊《人類學》，1976），頁122。據 R. L. Beals, "Acculturation", Anthropology Today ed. by A. L. Kroeber, Chicago, 1953。

〔註12〕 同前註。

〔註13〕 據江炳倫，《政治發展理論》（台北：台灣商務印書館，1973，二版），第二篇體系分析法與政治發展研究，頁79，稱「良性功能」爲令人滿意而合法之功能，對體系之存在價值有所助益。反之，「惡性功能（dysfunctions）」乃被認爲不滿意而且會損害體系的存在價值。

三、政治文化與政治發展

美國政治學家阿爾蒙（Gabriel A. Almond）首創「政治文化」（political culture）〔註14〕一詞，係指「有關政治互動和政治制度等模式的信念體系」，〔註15〕藉以解釋政治行為及其變遷之趨向。

「政治發展（political development）」，其意義至為廣泛，〔註16〕此處乃著重在政治體系中，政治文化運作之層次上，故其中代表著結構與功能之意義成份，俾有助於對政治實體（entity）之瞭解。

上述觀念，雖為當今發展中之政治理論，筆者擬用以連繫元朝文化發展與其衰亡之關係；意在說明蒙古文化特質於解析元朝政權衰亡過程中所扮演之重要角色，實亦本篇論文研究之理論基礎。

要之，筆者在各章節討論之程序上，務求其緊密。第二章敍述元朝在國史上之地位，乃是先確立元朝在中國歷史發展過程中之地位，而後將其納入中國傳統歷史之一環，以便討論之。第三章為元朝衰亡之一般性見解，其中列舉學者對元朝衰亡原因之各種解釋，並與中國歷代王朝之崩潰原因比較，旨在建立其後剖析元朝衰亡之基礎，惟所舉諸因素在衰亡之意義上雖有見仁見智之不同，然不違背本文宗旨。第四章為元朝衰亡之本質，即從文化特質之觀點，揭露元朝衰亡之真相。第五章為元朝衰亡之基本因素，則在端正若干倒果為因之說法。第六章為結論。

限於篇幅與簡潔敍述之要求，文中或尚有需要仔細斟酌之問題，但卻遽下結論，實有武斷之嫌；或有若干理論學說，交待不周，不無粗枝大葉之憾。凡此雖經筆者簡化，冀其不落誤解，倘有不公允或疏漏之處，實乃筆者才識淺薄，致未能深入問題重心所致，至盼碩學先進不吝指正。

〔註14〕據江炳倫，《政治發展理論》，頁 148～149 之說法。

〔註15〕Sidney Verba, "Comparative Political Cuture", from *Political Culture and Political Development* （Edited by Lucian W. Pye & Sindey Verba），(N. J. : Princeton University Press, 1965)，p.516。"It refers to the system of beliefs about patterns of political interaction and political institutions"。

〔註16〕參閱：魏鏞，〈政治發展〉（載台北：台灣商務印書館，雲五社會科學大辭典第三冊《政治學》，1976），頁 193～195。

第二章　元代在國史上之地位

　　元代豈是國史上之一段「黑暗時代」？關於此一問題之看法實見仁見智，惟對鑽研元史者而言，顯有斟酌餘地。至若元代被喻爲黑暗時代，實因農業文化與游牧文化接觸時所產生社會與政治不安定之誤解。本章擬對元代史之特殊性及其地位做一說明。

第一節　元以前中國境內之邊疆民族政權──兼談「征服王朝」理論

一、中國歷史上之邊疆民族政權

　　總覽中國歷史，蒙古入主中國之前，邊疆民族建立中原政權最頻仍者，當數西晉亡後之南北朝時期，約西元四世紀初迄五世紀中葉。先後有：

　　（一）成、漢，或稱前蜀（李雄、李壽──巴氏族；四四年，304～347）。

　　（二）漢、前趙（劉淵、劉曜──匈奴族；二六年，304～329）。

　　（三）代（拓跋猗盧──鮮卑族；六七年，310～376）。

　　（四）後趙（石勒──羯族；三二年，319～350）。

　　（五）前燕（慕容皝──鮮卑族；三四年，337～370）。

　　（六）前秦（苻健──氐族；四四年，351～394）。

　　（七）後燕（慕容垂──鮮卑族；二六年，384～409）。

　　（八）後秦（姚萇──羌族；三四年，384～417）。

　　（九）西燕（慕容沖──鮮卑族；一〇年，385～394）。

（十）西秦（乞伏國仁──鮮卑族；四七年，385～431）。

（十一）後涼（呂光──氐族；八年，386～403）。

（十二）南涼（禿髮烏孤──鮮卑族；一八年，394～414）。

（十三）北涼（段業──匈奴族；四三年，397～439）。

（十四）南燕（慕容德──鮮卑族；一三年，398～410）。

（十五）夏（赫連勃勃──匈奴族；二五年，407～431）。〔註1〕

即自西晉惠帝永興元年至南朝宋文帝元嘉十六年（304~439），計一百三十六年，爲中國史上所謂之「五胡十六國」〔註2〕時期，其中僅前秦曾一度完全統一北方，但爲時甚短，餘則始終處於分裂狀態。北朝則有北魏（道武帝拓跋珪──鮮卑族；一四九年，386～534），其後北魏分裂爲東魏（孝靜帝元善見，一七年，534～550）以及西魏（文帝元寶炬，二二年，535～556），而北齊（文宣帝高洋──鮮卑化之漢人；二八年，550～577）代東魏，北周（孝閔帝宇文覺──北邊鮮卑族；二五年，557～581）代西魏。〔註3〕北朝諸政權中，北魏太武帝拓跋燾太延五年（439）統一北方，〔註4〕隨後不久北魏由衰

〔註1〕參閱：張存武、陶晉生，《歷史學手冊》（台北：食貨出版社，1976），第三章，「中國朝代及帝系表」，頁97～101。又，李兆洛，《歷代紀元編（下）》（台北：台灣商務印書館，1968）。「二、紀年甲子表」，頁25～36。括弧中所示爲：（國祖──種族；享國年限，興起滅亡年代〔西曆〕）。

〔註2〕十六國之名稱，一般皆指匈奴所建之前趙、北涼、夏；羯族所建之後趙；鮮卑族所建之前燕、後燕、南燕、西秦、南涼；羌族所建之後秦；氐族所建之前秦、後涼、成（即漢），以及漢人所建之前涼、西涼與北燕。實則此期北方之政權當不止上述十六國，至少應再包括鮮卑人所建之代與西燕。另參見：傅樂成，《中國通史（上）》（台北：大中國圖書公司，1969），頁266～267，有關十六國名稱之解釋，除以上所列外，傅氏再加列鮮卑族所建之遼西，氐族所建之仇池以及漢人所建之冉魏，皆不入十六國名稱之內。蓋入十六國之列者，乃據地較大，國祚較長，並遺有較多史料之故。

〔註3〕以上并參：張存武、陶晉生，《歷史學手冊》，頁106～108。李兆洛，歷代紀元編（下），頁31～44。另，關於高氏、于文氏之世譜，參閱：〔唐〕李延壽，《北史》（台北：藝文印書館，據清乾隆武英殿刊本景印），卷六「齊本紀上，第六」，頁1；卷九「周帝紀上，第九」，頁1。知齊高帝神武皇帝高歡，渤海脩人，爲世居懷朔鎮，習染鮮卑文化，與鮮卑同，故可稱之爲鮮卑化之漢人，筆者因而將之列入邊疆民族政權。周太祖文皇帝宇文泰，爲代郡武川人，屬北邊鮮卑族。

〔註4〕參閱：傅樂成，《中國通史（上）》，頁292～293。北魏之統一北方，史家常以北涼滅亡之年（北魏太武帝太延五年，亦即南朝宋文帝元嘉十六年，西元439年）爲北魏統一北方之年，實則氐族所建之仇池，直至北魏太武帝太平眞君九年（即元嘉二十五年）始完全爲北魏所平定。其時北魏雖能統一中國北方，

亂,權臣專政,而至分裂,政權終落入宇文氏與高氏手中,北方呈混亂局面,至北齊幼主高恒承光元年(577),幼主爲北周軍所擒,齊亡,北方復歸統一。

其次爲五代時期興起之遼(太祖耶律阿保機——契丹族;二一九年,907～1125)與金(太祖完顏阿骨打——女眞族;一二〇年,1115～1234),此期遼金所統治之北方大抵以五代時之燕雲十六州爲主,金則更向南推至淮水與南宋對峙。雖其武功氣勢洶湧,然皆僅能征服華北之半壁河山,而未能完全控制整個中國。觀正史上有若干朝代或政權係由邊疆民族所建立者,當可見邊疆民族在中國歷史上之重要性。〔註5〕〔明〕瓊山・丘濬著《世史正綱》卷三十一「元世史」,前言中有敍曰:

> …是故有華夏純全之世,漢唐是也;有華夏割據之世,南北朝及宋
> 南渡是也;有華夷混亂之世,東晉及五代是也。若夫胡元入主中國,
> 則又爲夷狄純全之世焉。……〔註6〕

由上而知,丘氏將歷來華夏疆域內之王朝分成五類:其一,純華夏王朝。其二,華夏割據王朝。其三,華夷分裂王朝。其四,華夷混亂王朝。其五,純夷狄王朝。其中謂夷狄者,多少含有民族主義色彩,此亦代表傳統中國王朝之分期方式。並由後三者而知中國邊疆民族在中國歷史上之活動愈形重要。而自古以來中國王朝史,實亦即華夏民族與邊疆民族政權互爲消長之史。

二、衛特福格爾氏之「征服王朝」理論

西人衛特福格爾(Karl A. Wittfogel)與馮家昇(Feng Chia-sheng)合著之《中國遼代社會史》將秦漢以來之中國歷史分成十個主要時期,半爲典型之中國式王朝,半爲邊疆民族之征服式王朝。表列如下:〔註7〕

但對其北鄰之柔然,則始終無法平定。

〔註5〕關於邊疆民族在中國歷史上之重要性,參看:陶晉生,〈邊疆民族在中國歷史上之重要性〉一文,原稿發表於中華文化復興月刊第四卷第一期,後收於陶著邊疆史研究——宋金時期(台北:台灣商務印書館,1971),頁1～15。

〔註6〕〔明〕丘濬,《世史正綱》,見《丘文莊公叢書(下冊)》(台北:丘文莊公叢書輯印委員會,1972),卷三十一,「元世史」,頁1。

〔註7〕參引:Karl A. Wittfogel and Feng Chia-sheng, *History of Chinese Society*: Liao (907～1125)(Philadelphia : The American Philosophical Society, 1949),PP.24～25。該書並集於楊家駱主編之遼史彙編第十冊(台北:鼎文書局,1973);而其中總述部分(General Introduction, PP.1～25),蘇國良譯成〈中國遼代社會史(907～1125)總述〉(台北:台大歷史學系編譯,亞洲研究譯叢,第三、

中國帝制史 History of Imperial China（221 B.C.～A.D. 1912）

    （一）典型之中國王朝（Typically Chinese Dynasties）

      1. 秦漢（221 B.C.～A.D. 220）

      2. 分崩離析（五胡亂華和南北朝）時期之中國王朝（220～581）

      4. 隋唐（581～907）

      5. 宋（960～1279）

      9. 明（1368～1644）

    （二）征服與滲透王朝（Dynasties of Conguest and "Infiltration"）

      3. 魏〔拓跋〕（386～556）及在其前後之北方蠻族所建立之王朝（Wei〔T'o-pa〕and other northern barbarian dynasties directly before and after）

      6. 遼〔契丹〕（907～1125）

      7. 金〔女眞〕（1115～1234）

      8. 元〔蒙古〕（1206～1368）

      10. 清〔滿洲〕（1616～1912）

    衛特福格爾如此分割中國歷史，似乎刻意顯示邊疆民族與漢民族立於同等之地位。並謂：此十個分期各具有其特殊之歷史背景。而且每一期各有其特殊之問題，但其中有五個主要朝代顯露其特別之文化型態。秦漢和隋唐分別代表中國古典社會在早期及晚期發展之中國帝制；遼和金乃代表征服王朝中之二主要「亞類型（sub-types）」，即在對中國文化之態度上，遼文化屬「抵抗型」，金文化屬「讓步型」，清則屬「過渡型」；而對清代興亡之研究實有助於瞭解中國舊秩序之解體及正在建立之新秩序。〔註8〕衛特福格爾之看法雖前所未見，但其以社會文化之觀點為討論基礎，未免過份強調邊疆民族文化，而忽略中國文化之廣大性與包容性，致未能做更富彈性之分析，如元代則未及詳述。

    日本學者田村實造亦曾對中國邊疆民族之中原政權加以分析，並評介衛特福格爾所倡「中國征服王朝」理論，而後提出其個人看法，乃將中國邊疆民族入主中原之朝代分為二期：〔註9〕（一）民族移動時期，包括五胡時代（308

      四集合訂本，1971，頁1～37）。

〔註8〕以上併參：Ibid, P.25；又蘇國良譯，〈中國遼代社會史總述〉，頁37。

〔註9〕參閱：田村實造，《中國征服王朝の研究（中）》（京都：東洋史研究會，1971），

～439）及南北朝時代（440～538）。（二）征服王朝時期，此期包括十世紀至十四世紀之遼、金、元各王朝（907～1368），主要以金、元為主，而認為遼與元應並屬於文化「抵抗型」。〔註10〕蓋田村氏之看法實亦受衛特福格爾之影響，若比較衛特福格爾與田村氏之分期，則除在遼、金、元之觀點上有些微之差別外，大體仍屬一致。

三、「征服王朝」理論之眞諦

筆者認為所謂「征服王朝」者，應以元與其後之清最具有意義。蓋如五胡亂華及南北朝時期邊族所建之王朝，論其政權則據地不廣，或形成分割局面，或僅止於北方一隅，雖一時威脅中原政權，終未曾顛覆中原政權。再者，遼雖統有五代時燕雲十六州之地，而並未入主中原；金亦侷限於淮河以北——華北地區——之統治，中原政權雖岌岌可危而不至覆滅。因此筆者試圖將五胡及南北朝時期所建之諸邊族政權與遼、金，一併歸為「滲透式之征服王朝」（Infiltrationally Conquest Dynasties），〔註11〕其中唯有滲透程度之差異而已；另將完全征服中國之元與清歸為一類，稱之為「典型之征服王朝」（Typically Conquest Dynasties），如此分法乃是以其對中原政權之有效控制能力而言。

第二節　元史之範圍

中國歷史發展至元代，首度完全淪為邊疆民族之統治，就十三、四世紀蒙古帝國而言，中國僅止蒙古帝國之一部分；此外，蒙古帝國尚奄有中亞、西亞、東歐甚至中歐一帶之廣袤疆域。若言蒙古史，時間應溯自蒙古之先世，迨太祖鐵木眞興起及三大汗時代，亦應包括三次西征所建立之四大汗國及其分別緜延數世紀之後裔諸系，在中國方面則有世祖忽必烈建立之元朝，惠宗北走後之北元世系，明、清時代，甚至近代有關蒙古民族之活動歷史，皆應歸為蒙古史之研究範圍。而一般所謂元史之範圍，地域僅及中國本部疆域，時間則自元世祖至元十六年滅宋入主中國，經十世，至惠宗北走，元亡，約計九十年。然研究

〈研究篇：中國征服王朝について〉，頁643～8。

〔註10〕同前註，頁635。

〔註11〕Karl A. Wittfogel and Feng Chia-sheng, Op. Cit., P24。該詞原附於 Typically Conquest Dynasties 意義之下，筆者將之分開成為此一獨立之說法，以便解釋征服王朝之本質。

元史者豈能以此自限？蓋欲瞭解有元一代之政治、經濟、社會、文化等真象，而不知元興起之背景則概屬不完整之研究。若論元代之衰亡，除應對其興起之背景熟知外，當特重足以影響元朝政權盛衰之外在因素，包括其與諸王公貴族間之關係，以及與諸汗國間之關係等。有關此類之史實，若不求於中國以外地域之諸汗國，實不可得其全貌。職是之故，研究元史，論其年代不能侷限於短短九十年，至其史實範圍亦不應止於中國本部疆域之元朝。於是，元史與蒙古史之研究，應合而為一，始有助於解釋元朝之興衰。

為研究便利計，特將元史之範圍做成以下二種解釋：（一）狹義方面，乃是以中國歷史正統接續觀點而言，則元史範圍應以宋亡明興為斷。即自宋衛王趙昺祥興二年（至元十六年，1279）元世祖滅宋起，至元惠宗至正二十八年（洪武元年，1368）明太祖朱元璋北伐之師入大都，惠宗北走開平，計九十年；（二）廣義方面，以研究元史而言，至少元代史應包括：1.四大汗時代（1206～1259）2.忽必烈時代（1260～1294）3.忽必烈以後之元朝（1294～1368）〔註12〕如此將元史之時間範圍延長為一百六十三年（1206～1368）。年代之延長實無他意，惟史實範圍亦能隨之而兼容並包。

第三節　元代在國史上之特殊地位

一、元代在中國歷史上之正統地位

治中國史者每言正統，新會梁任公則嘗斥之為無稽之謬見。〔註13〕並謂正統之說起因有二：其一，「當代君臣，自私國本也」；其二，「由於陋儒誤解經義，煽揚奴性也。陋儒之說，以為帝王者聖神也。陋儒之意，以為一國之大，不可以一時而無聖神焉者，又不可以同時有兩聖神焉。…」〔註14〕任公之言一反歷來君權神授之傳統思想，其說殆不無受近世民權思想之影響。因此，其對「正統」一詞之解釋特加駁斥，謂「統」字雖濫觴於春秋公羊傳，然而後世之

〔註12〕參閱：姚從吾，遼金元講義——丙、元朝史，見《姚從吾先生全集》第四冊（台北：正中書局，1974）。按：第一講「元朝史的導論」缺，而祇簡列大綱。大綱第二節則特將元史加以分期，由是而知姚氏對元史範圍看法之一般，頁1。

〔註13〕梁啟超，《飲冰室文集》（台北：台灣中華書局，1960）之九，「論正統」條，頁20～26。

〔註14〕同前註，頁23～24。

儒論正統時則巧引之以為據，殊不知有違春秋之本意：「所謂大一統者，對三統而言，春秋之大義非一，而通三統實為要端。通三統者，正以明天下為天下人之天下，而非一姓之所得私有」。蓋後世之儒言「統」實「始於霸者之私天下，而又懼民之不吾認也，乃為是說以箝制之」，於是梁任公對「統」字有其個人之觀點：「得乎丘民而為天子，若是乎，無統則已；苟其有統，則創垂之而繼續之者，舍斯民而奚屬哉」。其後復盛讚西方史學之優良，謂「泰西之良史，皆以敘述一國國民系統之所由來，及其發達進步盛衰興亡之原因結果為主，誠以民有統而君無統也」。〔註15〕由是可見梁任公對史學之研究方法實與近世人類學功能學派一代大師馬凌諾斯基所倡導之「功能主義」說（Functionalism）頗有呼應之處，蓋功能學派之論，乃「側重在運用功能觀點，從社會生活本身，去認識文化各元素的意義和生活的整體性」〔註16〕而一社會生活之整體，概以其人民全部生活為主，故梁任公又謂：「君而有統也，則不過一家之譜牒，一人之傳記，而非可以冒全史之名」。〔註17〕若據此以言正統，則正統之說顯失其意義。然自民族之理解以觀之，歷五千餘年，三代以下，凡中國民族歷史最長、文化最深遠而又居於大多數者，莫過於漢族。而史家每謂正統動輒以漢族為主。如今言之，雖不見合理，但此久已深藏人心之觀念，實有其時代背景，未可全廢，蓋可藉以尋得中國史之經緯梗概。然中國正史以「存王敗寇」為中心之觀念亦盛，此種觀念特重既成事實之認定。推之，其視南北史為正史，乃當然耳。則元雖為邊疆民族政權，而入正史之列更屬堂皇。

　　按「正統」之名，本於春秋，前已述及。而「正統」之說則始創於晉・習鑿齒之「漢晉春秋」。漢晉春秋，凡五十四卷，其書「起漢光武，終於晉愍帝，於三國之時，蜀以宗室為正，魏武雖受禪於晉，尚為篡逆。至文帝平蜀，乃為漢亡，而晉始興焉。引世祖諱炎，興而為禪受，明天心不可以勢力強也。」〔註18〕此後「正統」之說不絕於史，且多以蜀魏問題為爭辯之焦點，然其「議論之變遷，恒緣當時之境遇」，〔註19〕故值中國漢族政權遭受邊疆民族威脅愈

〔註15〕同前註，頁 20～21。
〔註16〕謝康，〈功能主義〉，載雲五社會科學大辭典第一冊《社會學》（台北：台灣商務印書館，1976），頁 46。
〔註17〕梁啟超，《飲冰室文集》之九，頁 21。
〔註18〕〔唐〕房玄齡等奉敕撰，〔清〕吳士鑑、劉承幹同注，《晉書斠注》（台北：藝文印書館），卷八十三，「習鑿齒傳」，頁 27。
〔註19〕梁啟超，《飲冰室文集》之九，頁 23。

烈之世，則其說愈盛，由是可見，正統之辨，始於晉而盛於宋。宋代有關正統之辨主要有二支，梁任公分析頗爲詳盡，援引於下：

> 溫公主魏；而朱子主蜀。溫公生北宋而朱子南宋也。宋之篡周宅汴，與晉之篡魏宅許者同源，溫公之主都邑說也，正魏也，凡以正宋也。南渡之宋與江東之晉同病，朱子之主血胤說也，正蜀也，凡亦以正宋也。〔註20〕

依朱子之論，歷代正統應如下：秦──漢──東漢──蜀漢──晉──東晉──（南朝）宋、齊、梁、陳──隋──唐──（五代）梁、唐、晉、漢、周──宋。〔註21〕朱子雖以蜀爲正統，但其本史正文仍沿陳壽之書，壽則屬主魏論者，故知朱子之筆法未能一貫，似仍依過去成例──凡能統一中國者，即有資格成爲正統。於是乎元之繼宋而爲正統當可確認。元初許多理學家不但仕於元，且助元統一南北，殆受此正統說之影響。又，五代至宋，邊疆民族文化之南漸，尤以華北地區爲甚，部分漢人久習邊族文化，漸由惡意之排斥轉而爲和善之接觸與認識。〔註22〕因此，宋人所謂之「華夷」之別，至元代，已形淡化，甚而有習染蒙古族之風俗者。〔註23〕迨至清乾隆間御批歷代通鑑出，該書仍沿朱子之說，因乃爲之續，曰：宋──南宋──元──明──清。至此則元入正統之列，始見於書。而有明一代，諱言蒙古元，實因明中葉以後，韃靼、瓦剌不時寇邊，侵擾日甚，朝野上下恨之已極。

衡量一朝代「統」之正與不正，實無一定之理論基礎可循，各家看法亦

〔註20〕同前註。

〔註21〕參考：〔宋〕黎靖德編，《朱子語類》（台北：台灣正中書局，據國立中央圖書館藏明成化九年江西蕃司覆刊，宋咸淳六年導江黎氏本影印；並據日本內文閣文庫藏覆成化本修補，1970），卷一〇五，論〈通鑑編目〉條，頁8下～10下。

〔註22〕關於五代至宋時期邊族文化之南漸，見劉銘恕，〈宋代遼金文化之南漸〉（華西·金陵大學，中華文化研究彙刊，第六卷，1946），頁91～105。

〔註23〕經百年蒙古政權統治後之中國，或有史家謂蒙古被「同化」於中國文化之中，實有商榷餘地。筆者一再強調「涵化」之重要性，因在明實錄中，屢可見明代皇帝，尤以太祖時代，頒佈敕文，令矯正漢人之習染蒙古風尚者，故知當時蒙古文化亦曾影響及漢民族文化，此乃兩種異質文化接觸後所受涵化之功。有關蒙古習俗遺留於漢地者可參考：（一）*Henry Serruys, "Remains* of Mongol customs during the Early Ming"。（Monumenta Serica, Vol. VII, 1957）pp.137～190；朱麗文譯，〈明初蒙古習俗的遺存〉（台北：食貨月刊，第五卷第四期），頁27～48。（二）*Henry Serruys, The Mongols in China during the Hung-wu Period : 1368～1398*（Bruges : Imprimerie Sainte-Catherine, 1959），Chap. III : General Remarks on the Mongols in China, pp. 47～64。

多偏祖，故梁任公以爲正統之說謬矣！筆者認爲：論正統應正視其所賦予之時代使命，在倡導大中華民族主義之今日，尤不應將邊疆民族之中原政體委棄於中華正統之外，否則有碍國家統一，更易造成其對中國之疏離感。故視元代繼宋之後而爲正統乃理所當然之事。論元在國史上之地位，御批歷代通鑑清高宗所批數語可供參考，引述如下：

> 宋自建炎南渡，已屬偏安，然德祐以前，尚有疆域可憑，朝庭規模
> 未失，猶可比之東晉；至臨安既破，帝㬎見俘，宗社成墟，宋統遂
> 絕，則自丙子（宋端宗景炎元年，即元世祖至元十三年，1276）三
> 月以後，正統即當歸之于元。若昰、昺二王，崎嶇海島，雖諸臣殉
> 國苦心，而殘喘苟延，流離失據，不復成其爲君，且奉表請降于元，
> 正與明唐、桂二王之竄跡閩、滇者無異。朕近于國史傳凡斥唐、桂
> 二王諸臣爲偽者，概令更正爲明，蓋以其猶存一線，雖不足稱正統，
> 然謂之爲偽實不可，此萬世公論也。今續綱目于景炎祥興，仍用大
> 書紀年，則又阿徇不倫，乖史筆之正。即如元，自順帝北遷沙漠，
> 未嘗不子孫繼立，苗裔屢傳，然既委棄中原，編年者即不復大書故
> 號，此正也。則知昰、昺之已失中原，而仍大書故號之非正矣！…
> 〔註24〕

清高宗以滿洲民族立場而言正統，或許較爲公正。以上之討論乃是從正統之觀點著眼，而解釋元在國史上之地位。

二、元史之纂修

此外，由元史之纂修亦可見元在國史上之地位頗受重視。明初所修元史，雖不甚符人望，然經日後訂補或改修，元史始臻完備。考明初先後二度置官纂修元史，清朱彝尊撰《曝書亭集》「趙壎傳」中記載甚詳，關於第一次修史：

> 洪武元年，帝既平定朔方，冬十一月，詔發秘府所藏元十三朝實錄，
> 以宋濂、王禕充總裁官；徵山林遺逸之士，纂修元史，凡一十六人：
> 汪克寬、胡翰、宋禧、陶凱、陳基、趙汸、張文海、徐尊生、黃箎、
> 傅恕、王錡、傅著、謝徽、高啓、曾魯，壎與焉。明年二月，開局
> 天界寺，秋八月，史成。爲本紀三十有七卷，志五十有三卷，表六

〔註24〕傅恒等奉敕撰，《御批歷代通鑑輯覽》（台北：新興書局，1959），卷九十五「元
世祖皇帝」，頁 3059～3060，清高宗皇帝之批注文。

卷，傳六十有三卷；中書左丞相兼太子少師宣國公李善長，奉表以
進。〔註25〕

惟其時順帝尙無實錄可徵，雖修而不得謂爲完書。乃復詔有司，博採元末史
料續行纂修，故有第二次之開館：

於是翰林學士宋濂，禮部尙書崔亮，主事黃肅，發凡舉例；奏遣使
呂復、歐陽佑、黃盅等一十二人，徧行天下，凡涉史事者，悉送上
官；復至北平，遣儒生危於等，分行燕南北，開局於故國子監，凡
詔令、章疏、拜罷、奏請以及野史、碑碣，靡不采訪。有涉及蒙古
書者，譯而成文，昇至行中書省，請官印封識達京師。三年二月，
仍命宋濂、王禕充總裁官，續成元史，纂修一十五人：朱右、貝瓊、
朱世廉、王廉、王彝、張孟兼、高遜志、李懋、李汶、張宣、張簡、
杜寅、俞寅、殷弼，壎仍與焉。秋七月，史成，進上。以卷計之，
紀十、志五、表二、傳三十有六，其前書未備者，補完之。有詔刊
行。〔註26〕

計兩次修成元史二百十卷。至於元史纂修所以憑據之史料，朱彝尊撰曝書亭
集「徐一夔傳」中亦有謂：

自太祖至寧宗一十三朝，悉本據實錄修成；惟元朝制度文爲，務從
簡便，不置日曆，不置起居注，獨中書置時政科，一文學掾掌之，
以事付史館，及一帝崩，則國史院據所付修實錄而已。尙幸天曆間，
詔修經世大典，虞公集依六典爲之，一代典章文物稍備，其書止于
天曆，而其事則可備十三朝之未備；前局之史，既有實錄可據，又
有經世大典，可以參稽，一時纂修之士，其成十三朝史不難矣！若
夫順帝三十六年中事，既無實錄，又無參稽之書，惟憑采訪以足之，
竊恐其事未必覈，其言未必馴，其首尾未必貫。……〔註27〕

由上而知元史所依據者，大略以十三朝實錄〔註28〕與經世大典〔註29〕爲主。

〔註25〕〔清〕朱彝尊，《曝書亭集（下）》（台北：世界書局，1964），卷六二「趙壎
　　　　傳」，頁725。
〔註26〕同前註，頁725～726。
〔註27〕朱彝尊，《曝書亭集（下）》，卷六三「徐一夔傳」，頁743～744。
〔註28〕有關元朝實錄，據〔清〕錢大昕氏考：自太祖迄寧宗，當有十五朝實錄；其
　　　　中睿宗、順宗，身未爲帝，皆由追諡，故雖置而不數，此即謂十三朝實錄之
　　　　由。〔日〕市村瓚次郎著，牟傳楷譯，〈元實錄與經世大典〉中有論，該文載
　　　　于史學年報第一卷第三期，1931，頁153～156。

詳考元史所據之材料，本紀顯然依據歷朝實錄，志表則依據經世大典及大一統志，〔註30〕列傳則採后妃功臣列傳及當時諸家所撰之行狀墓誌等而成。然如蒙古秘史、聖武親征實錄等重要史料，未及採用。至其成書時間，以洪武元年十一月詔修；第一次，洪武二年二月開局，秋八月成書；第二次，洪武三年二月開局，秋七月又成書。合前後二次開局纂修僅一年之譜，成書所費時間之短促實有原因：其一，明太祖馭下至嚴，諸臣之所重憚，成書稍遲，譴責將至；其二，元以蒙族入主，爲明人夷視，於其蒙古舊史（按即蒙古秘史），亦不之貴。〔註31〕其三，明初既得十三朝實錄，累朝后妃功臣列傳亦必隨之。且元人所撰之經世大典、大一統志，其中有關元代之典章及輿地，記載甚詳，明初其書具在，故得據之以撰諸志，元史成書之速，亦由於此。

三、元史之改修與訂補

至若元史成書之速，於修一代史而言，頗有草率之感，明洪武三年七月，元史告成，距元亡僅三年耳，而於國事初定，百業待舉之秋，即令開局修史，雖詔全國具史才之士於一堂，闕失亦難免。蓋元朝甫亡，史事暫未落定；又元末遺儒所著有關前代之軼事文集未及出，故史料舛漏必多矣！有鑑於此，明永樂間即有胡粹中「元史續編」之作，迨至清代，改修訂補之作甚多，略別爲二類：其一，「因元史蕪雜缺略，而廣徵中土固有之史實，以補證舊聞，訂正謬誤，而圖改造新史者」，如邵遠平之《元史類編》、錢大昕之《訂補元史》：「補元史氏族表」、「補元史藝文志」、「元史拾遺」、「元史考異」、「宋遼金元四史朔閏考」、魏源之《元史新編》。其二，「因元代疆域不以中土爲限，別徵西方之史實，以補中土所未聞，證中土所未確，以別造一新史者」，如洪鈞之《元史譯文證補》、屠寄之《蒙兀兒史記》、及民初柯劭忞之《新元史》。〔註32〕其他有關之著述尚

〔註29〕經世大典，今原書已佚，僅於永樂大典殘本中，可窺見大略。幸有〔元〕蘇天爵編，《國朝（元）文類》（台北：台灣商務印書館，1968），卷四○～四二所載「經世大典序錄」，全文分四目，已可見經世大典之梗概。另見牟傳楷譯，《元實錄與經世大典》，頁156～162所載。

〔註30〕元大一統志，已亡於明代，僅存殘本若干卷。參見：金靜庵，《中國史學史》（台北：鼎文書局，1974），頁143～144。

〔註31〕同前註，頁134。

〔註32〕併參：金靜庵，《中國史學史》，頁172。有關元史學之專著有（一）李思純，《元史學》（台北：華世書局，1974）。（二）趙振績，〈近六十年來國人對遼金元史的研究：第三節元史學〉（台北：史學彙刊第四期，1971），頁236～252。

多，以上所列雖有所修補於元史，然皆未能稱完備，惟至此元史之規模已宏矣！元史學蔚爲一時學術界之風尙，李思純氏認爲有四主要原因：第一，舊元史之蕪亂缺漏；第二，漢學精神之遺傳；第三，國家外患漸多，而思爲域外之研究；第四，中西交通大啓，所得外來史料之助力。〔註33〕

　　綜上所述，由蒙元政權確立於中國歷史之正統地位，及元史編纂以至訂補改修，可見元代在國史上之地位重要。而蒙古人在歐洲之武功及馬可孛羅遊記之普遍流傳，歐人漸由畏懼、欽慕而至理解，並確認蒙古人在中西交通史乃至於在世界交通史上所扮演之角色重要，〔註34〕遂有歐人致力於蒙古興起及戰法之研究，又日本人對元代典章制度研究之盛，更顯見元代史普受世人注目。

〔註33〕 李思純，《元史學》，頁51～53。
〔註34〕 以上併參閱：張星烺，《中西交通史料彙編》（台北：世界書局，1962），第二冊，中國與歐洲之交通：元代——「元代世界大通」、「蒙古人在歐洲之武功」，頁1～44。

第三章　元朝衰亡之一般性見解

「人之將死，其臟腑必有先受其病者；引繩而絕之，其絕必有處」。〔註1〕一朝一代之衰亡亦必有脈絡可尋，然其衰亡之關鍵與原因恐難有一致之見解，故必求諸浩瀚之歷史文件始可解答。考元朝衰亡之原因，亦當循此線以進。惟有元一代之史料多冗雜，難以貫通，則徒生困惑必矣！幸賴諸先進有關之研究成果，可供參考。本章旨在綜述元朝衰亡之一般性見解，藉以深入探究元朝衰亡之本質。

第一節　元朝衰亡原因之各家解釋

解釋某某朝代之衰亡，本為中國史家治史之要途，古人治史專敍帝王將相與時務，若於時務偶有不滿之處，常類比是非而已，鮮有概括歸納之說，此中國人之思想方式使然也。近世歐風東漸，如梁任公稱「泰西之良史，皆以敍述一國國民系統之所由來，及其發達進步盛衰興亡之原因結果為主」，〔註2〕因乃競以西方史學之新體例，撰寫中國通史，其所敍者，亦僅簡明扼要敍述一朝一代之興衰而已。有關元朝衰亡原因之解釋，當今未有如英國史家吉朋（Gibbon）所著《羅馬帝國衰亡史》一類針對政權衰亡而討論之專著，考中外史料，惟通史或涉及元代史之論文與書籍中可得點滴，本節旨在滙集上述一點一滴有關元朝衰亡之看法，惟所條舉者僅為史實或證據，至其真實意義俟第五章另行討論。

〔註1〕引〔唐〕韓愈，《韓昌黎全集》（台北：新興書局，1967），第十三卷，「張中丞傳後敍」，頁8。

〔註2〕梁啓超，《飲冰室文集》之九，頁21。

　　檢視通史及其他元史書籍，[註3]所得有關元朝衰亡之原因至爲複雜，茲略爲整理，陳述於后：

　　元末建國號前之四大汗，皆英武而有度量，能容眾議而不分種族，並致力開疆拓土，其政治且是純樸簡易。迄元成立，世祖初年猶能守舊風並接納漢人意見，此乃帝國擴張時期「大民族主義」之風範。及得中原，天下底定，眼見漢族之不馴與擾動，尤以中統三年之李璮事件，更勾起世祖對漢人之戒心，亦因此改變其日後之行政作風，乃施以帝國統治時期「排斥、壓迫以及防範」之手段。終元之世，即未更改此統治方式。基於此一態度之統治，勢難盡人性；既反乎人性而言政治，其行政措施必滯塞難行，則敗亡之種播矣！

　　元朝滅亡諸種原因中，必須述及者：汗位繼承法不完備，窮兵黷武，權臣

〔註 3〕有關元朝衰亡原因之書籍，擇其重要者如下數種：1、大内逸郎主編，《滿蒙通覽（上編）》（大連：福昌公司調查部，1918）第四章元時より清時代，第一節元時代に於ける滿蒙，「元の滅ぶる所以」。2、王式智，《中國歷代興亡述評》（台北：黎明文化事業股份有限公司，1975），第十三章橫跨歐亞的蒙元帝國。3、王忠雲，《國史之鑰》（台北：自刊本，1960），第十八章元朝史。4、王桐齡，（一）《中國全史（下）》（台北：啓明書局，1960），第四章元朝衰亂之原因；（二）《東洋史（下）》（台北：台灣商務印書館），第五編第二章元室之衰亡。5、不著撰人，《蒙古史略》（台北：廣文書局，1974），第十八章蒙古衰頹之原因。6、王儀，《蒙古元與王氏高麗及日本》（台北：台灣商務印書館，1973），第十二章元帝國的瓦解。7、余又蓀，《中國通史綱要》（下冊）（台北：台灣商務印書館），第二十三章蒙古之興亡。8、金兆豐，《中國通史》（台北：中華書局，1969台六版）卷一，近世史三，第五章元室興亡事略。9、林瑞翰，《中國通史》（台北：三民書局，1977），第二十四章蒙古帝國的拓疆與元朝的興亡。10、高越天，《中國歷朝興亡紀》（台北：維新書局，1964），第二十九章元朝興亡紀。11、高博彥，《蒙古與中國》（台北：金蘭文化出版社，1977），第三編蒙古之退守與中國之關係。12、高桑駒吉原著，李繼煌譯，《中國文化史》（台北：台灣商務印書館，1970），第七章元時代之文化。13、傅樂成，《中國通史（下）》（台北：大中國圖書公司，1975，十版），第二十三章元帝國的組織。14、黎傑，《元史》（台北：大新書局，1968），第四章順帝昏瞶與元之滅亡。15、錢穆，（一）《國史大綱（下）》（台北：台灣商務印書館，1970），第三十五章暴風雨之來臨（蒙古入主）。（二）《中國歷代政治得失》（台北：東大圖書公司，1977）。16、鴛淵一，《東洋文化史大系》（東京：誠文堂新光社，1940），第四冊宋元時代，第八章元朝的衰亡。17、薩孟武，《中國社會制度史》（台北：三民書局，1971，三版），第十一章。18、羅香林，《中國通史（上）》（台北：正中書局，1961），第五十六章元帝國之瓦解。19、Henry Serruys, The Mongols in China during the Hung-wu Period: 1368～1398（Bruges: Imprimerie Sainte-Catherine, 1959）Chap.2, Some Aspects of the end of the Yüan.併參考其中有關元朝衰亡之解釋，合爲九項。

跋扈，行政紕繆，崇信喇嘛，軍隊弱化，種族上之軋轢，天災流行，群雄蜂起等等。以上皆非唯一原因，且諸原因中有互相作用而影響者，仍宜擇要分述之。

一、汗位繼承法不完備

汗位繼承法之不完備，乃造成君統紊亂、宗親離叛與權臣之擅權跋扈。中國帝王父子相傳，訂定一套嚴密之立儲制度，累世遵循，乃爲消弭王位紛爭而發明。依蒙古習俗，「諸子之成年者，家長以什物畜群付之，俾其能離父居而自立」，〔註4〕至其汗位繼承則不以父子相續，皆經由「庫利爾台」〔註5〕

〔註4〕 多桑（Dóhsson）著，馮承鈞譯，《多桑蒙古史》（台北：台灣商務印書館，1965台一版），第二卷，頁189。

〔註5〕 按「庫利爾台」即蒙文「HÜRÜLTEI」之對音。考其名稱，中國史籍所載不一。《蒙古（元朝）秘史》（作者佚名，台北：廣文書局，1977，台二版，據〔清〕道光廿七年秋，靈石楊氏刊本）稱「大聚會」，見卷十四，頁2下；又《元史》亦僅稱「大會」，見卷二「太宗本紀」，頁1，及卷三「憲宗本紀」，頁2。迨柯紹忞，《新元史》（台北：藝文印書館，據天津徐氏退耕堂本景印）出，始有較完整之譯稱，但其譯語亦前後不一，一曰「忽里勒塔」，一曰「忽里勒達」。見卷一〇八，列傳第五｜太祖諸子二：拖雷傳」，頁1～2。載：「『忽里勒塔』譯言大會也，國俗承大位者，必經『忽里勒塔』之議。」又卷一一三，「世祖諸子上」，頁11，載：「蒙古法不立太子，其嗣大位者，俟諸王大臣集議，然後定策，謂『忽里勒達』」。綜上所述，縱有名稱上之差異，然其爲一種會議殆屬無疑。若由蒙古語意上觀之，則更易明瞭。按「HURAL」，或「XURAL」，據蒙英字典，頁987，意即會議。而由以上譯語，從蒙文中可得二音義皆相近之字彙，即「HÜRÜLTEI」與「HURALDA 或 XURALTA」。前者乃是在字根「HURAL」後加字尾變化「TEI」，意爲「必到之會議」。後者則在字根「HURAL」後加字尾變化「DUGA」成「HURALDUGA」，意爲「彼此討論之會議」，至中古，因元音順化結果，而變成「HURALDAA」，再變成今之「HURALDA」，參考：蒙英字典，頁988。哈勘師認爲：應合上二字之意始可得一較完整之解釋。
若再由純意義上而探討，在蒙古民族中，平常之聚會，不論規模大小，皆稱之。至蒙古帝國時代，因協議國家重大事件而召開之聚會，賦有選舉可汗、出征及頒布法令等任務，故有稱大「庫利爾台」或「也客‧忽里勒塔」，即「YEKE HÜRÜLTEI」，「YEKE」即大之意。耶律楚材謂：大「庫利爾台」乃宗親大會也，因其分子皆爲蒙古部族之首長、各王、諾顏、駙馬等宗親。日本‧箭內互則以今日通稱之「國會」喻之。自多桑（Dóhsson）著蒙古史以後，西方史家著述中常見之「Couriltai, Kuriltai 或 Kurultai」，亦指此而言。箭內互博士有專論：〈蒙古庫利爾台（即國會）之研究〉，見陳捷、陳清泉譯，《元朝制度考》（台北：台灣商務印書館，1969），頁51～129。

共推，故皇位承襲之際，每易起紛爭。關於元代汗位承襲之情形以元世祖為中心，特分二期述之：

世祖以前：太祖成吉思汗二十二年（1227）臨崩時，曾遺命傳位於窩濶臺，然「太宗雖有太祖之前命，猶遵國俗」。〔註6〕當其召開大會時，眾議多擁戴拖雷，太宗亦固辭，會議猶豫不決，折衝四十餘日，終經斡旋決遵太祖之前命，太宗乃得順利既位，惟中間皇位懸虛有兩年之久，至西元一二四一年太宗窩濶台（1229～1241）崩，暫由皇后乃馬真氏稱制，皇位又虛懸五年，才於一場紛爭中舉太宗之長子貴由為大汗，是為定宗（1246～1248）。定宗在位頗短，於一二四九年告崩，皇位繼承又發生問題。時「皇后（定宗后斡兀立氏）欲援先朝故事，立其子，諸王覬覦尤眾」，〔註7〕拔都以諸王中最長者，影響力頗大，會中經過一場激辯，遂於一二五一年與諸王擁立拖雷長子蒙哥，是為憲宗（1251～1259）。一二五九年，憲宗崩，亦釀成兩兄弟忽必烈與阿里不哥（按均為拖雷之子）之爭立。其時忽必烈身在中國，賴其左右中國儒士，遂革除蒙古舊制，不經庫利爾台推選，而於中統元年（1260）三月辛卯（二十四）日，在上都（開平）自立為大汗。同年四年，「阿里不哥亦僭號於和林城西按坦河」。〔註8〕五月甲午（二十七）日，阿里不哥反；七月，世祖乃親率大軍，進攻和林。至至元元年正月，阿里不哥遣使乞降，帝赦其罪，至元三年阿里不哥卒於大都。由上可見，自成吉思汗以來，每逢大汗崩殂，皇位即生事端，雖均告無事，然而諸王，尤以察合台與窩濶台兩系諸王不免發生離心，如憲宗即位時，海都自以太宗嫡孫，不嗣大位，心常不甘，以封地距大汗甚遠，遂叛變並不時寇邊。另方面亦有因嫉妒大汗位恒由拖雷系把持，因此除海都之亂外，尚有察合台系之篤哇，及封在遼東之宗王帖木格嫡系玄孫乃顏，時與海都呼應，相繼叛亂於北方。因此格魯賽（René Grousset）在《蒙古史略》中言：「其最嚴重的失敗，要為忽必烈與蒙古諸叛王之鬥爭，自從他變為中國皇帝以後，舊蒙古派的反抗並未停止，首先由阿里不哥主持，阿里不哥叛降後，則由窩濶台系的首領海都指揮」，〔註9〕海都之亂前後綿延四十一年（世祖至元三年迄成宗大德十年），如此叛亂頻仍，〔註10〕世祖時雖尚有

〔註6〕《新元史》，卷一○八，列傳第五「太祖諸子三」，頁2。
〔註7〕《新元史》，卷一○六，「拔都傳」，頁10。
〔註8〕《新元史》，卷一一○，「太祖諸子五」：拖雷下阿里不哥傳，頁1。
〔註9〕格魯賽著，馮承鈞譯，《蒙古史略》（台北：台灣商務印書館，1971），頁62。
〔註10〕關於諸王叛變之頻仍，參閱〔清〕趙翼撰《廿二史箚記》（台北：世界書局，

餘力平息，然不免動搖國本，且大汗與封建諸侯之隸屬關係亦已隨之動搖矣！

　　世祖以後：忽必烈即位而爲中國式之皇帝後，鑒於「庫利爾台」選汗制度之眾議紛歧，乃接受漢儒之議。姚樞早於至元四年上書言：「建儲副以重祚」，〔註11〕迨至元十年二月，始立眞金爲皇太子。〔註12〕自此庫利爾台之制遂廢，然漢制立儲制度，始終未得蒙古宗室諸王侯之尊重。世祖以下成宗、武宗、仁宗、英宗、泰定帝、天順帝、明宗、文宗、寧宗、順宗，計十帝間，發生嚴重爭執者有四，由爭執而見弒者一，且於十年間，以太子身分而踐祚者，只英宗一帝。因於繼統法之紊亂，自武宗至寧宗間八帝共當國不足二十五年，平均每帝當國亦不過三年之譜。凡此者既疲於應付內部鬥爭，又何暇治理國家大事。且繼統法之不能確立，權臣乃乘隙而進，或負其擁立之功，而專擅威福，忽必烈汗崩後，除北方叛亂之宗王外，其餘皇族重臣尚悉集於上都召開庫利爾台大會（此制曾於世祖時議定廢除），並由丞相伯顏〔註13〕之支援，使成宗鐵木兒汗，得順利承繼爲大汗。然卻因此開創爾後權臣操縱汗位之先例。故自仁宗之世至元末，先後由右丞相鐵木迭兒與簽書樞密院事燕帖木兒〔註14〕二人擅威竊柄達三十年。

　　汗位繼承法之不完備，乃是造成蒙古帝國內部分裂之主因。由分裂而衝突，消耗元氣，影響內政。而元以一邊族入主華夏之域，在前代社會制度已解體或崩潰之際，理應即興一全新之時代理念，以接收並改造此一局面，爲適應現實而繼續負起社會發展之功能。蓋社會之改造，首要在政治，政治重人事，人事關鍵常繫於君主一人，倘君主庸碌或神器不穩則非但政治法令無以施行，且易肇亂源，此元祚不永之最大因素也。

二、窮兵黷武

　　元初之對外戰爭，純屬主動之侵略，先後曾對高麗、日本、安南、占城、緬甸、爪哇等國用兵，據〔清〕趙翼撰《廿二史箚記》卷三十「元世祖嗜利黷武」條下載：

　　　　1971），卷二十九「元代叛王」，敍述最詳盡。
〔註11〕《新元史》，卷一五七，「姚樞傳」，頁19。
〔註12〕《新元史》，卷一一三，「皇太子眞金傳」，頁1。
〔註13〕按：《元史》以伯顏之名而立傳者有數位，此乃卷一二七所指者，見頁18～19。
〔註14〕鐵木迭兒與燕帖木兒，新元史有傳，分別爲卷二〇五，頁22～27。及卷一七九，頁7～14。

自高麗臣服，即招諭日本，日本不通，先平耽羅；繼而有事於南宋，攻襄樊，攻涪渝，以至下江淮，降宋主，追二王於閩、廣，先後凡十餘年。甫訖事，又議征日本，命阿塔海、范文虎、忻都、洪茶邱等，率兵十萬出海，颶風破舟，文虎等擇舟之堅好者先歸，盡棄其兵於山島（按即鷹島），日本兵來，凡蒙古高麗人盡殺，謂新附軍爲唐人，不殺而奴之，其得脫歸，僅于閭等三人。帝大怒，欲再征日本，遣王積翁先往招諭，爲舟人殺於途，始終不得要領乃止。而其時又興安南之役，占城之役，緬國之役；安南凡三征，其國王陳日烜父子，終逃匿不獲，最後還師，幾爲所邀截，從間道始得歸。緬國凡兩征，亦喪師七千，僅取其成。其征占城也，舟爲風濤所碎者，十之七八，至岸者，攻克其木城，而國王已逃，官軍深入，亦爲所截，力戰得歸。其征爪哇也，初至戰屢捷，爲所紿，遣使入諭，其國主殺使而逃，亦不得要領，遂旋師。〔註15〕

論者每謂元初屢興無名之師，實未然也。蓋遭受元兵攻擊之上述國家，皆與中國爲鄰，於宋季尙不時來貢；元初宋遺民反元復宋之義舉，時有所聞，甚至有遠走海外而相與呼應者，世祖爲防患於未然，於是興師挫其國勢以嚇阻之。另有謂：「忽必烈做了中國皇帝以後，便按照中國傳統的政策，要求四裔諸國稱臣朝貢」，〔註16〕此說本不無道理，然未能兼顧緩急之勢，徒使原意破敗，招致亂端。趙翼於此有其獨特看法：

統計中統至元三十餘年，無歲不用兵。當其初，視宋爲敵國，恐不能必克，尚有愼重之意，遣使議和，及既平宋，遂視戰勝攻取爲常事，幾欲盡天所覆，悉主悉臣，以稱雄於千古。甫定域中，即規海外。初以驕兵圖勝，繼以憤兵致敗，猶不覺悟，思再奮天威，迄崩而後止。此其（世祖）好大喜功，窮兵黷武，至老而不悔者也。〔註17〕

趙翼之說，似乎謂蒙古人有黷武之本性。至其用兵年代之久長，亦爲史所罕見。再引趙翼之說：

案元自太祖起兵，滅國四十，降西夏，取金中都，又攻西域至東印度國，遇角端始還。太宗繼之，滅金侵宋，西征欽察，去中國

〔註15〕趙翼著，《廿二史箚記》，卷三十，頁430～431。
〔註16〕格魯賽著，《蒙古史略》，頁58。
〔註17〕趙翼著，《廿二史箚記》，頁431。

　　三萬餘里。迨憲宗，又命世祖征大理，兀良哈台征交趾。至世祖
　　時，用兵已四十餘年。世祖即位，又攻討三十餘年。自古用兵，
　　未有如是久者。〔註18〕

世祖時代固然征伐不已，成宗即位後，亦曾對安南與緬國用兵，尤以平定海都與篤哇之亂規模最大，而後即少有用兵國外，然其時元朝衰象已顯露矣！

　　中國自唐亡，經五代與兩宋，國家既不能完全統一，戰事復綿亙不絕，尤以北方國防線一帶，更是經年飽受兵荒之禍。人心思治已久，有元則雖於降宋之後，尚年年興師對外征伐，並徵調民眾，不知與民休息，致擾民過甚，消耗物力過多。故元初之平定宗王之亂與向外征伐亦乃肇衰亡主因之一。

三、行政紕繆

　　蒙古人專憑其武力，建立空前大帝國，惟于此領土廣大、人種複雜之地區，尚沿草原封建式之統治術。及入中國，於制度上雖曾大事興革，應付現實，然類多表面文章，殊未能徹底實行。蓋以單調之游牧社會，行政多簡略，而入於複雜之農業社會；簡略之行政，終不可以圖治。於是「弊日出則制日繁，制日繁則弊日出」，紛紜錯雜，難以究結。終元之世，政策之所由出無一系統標準，故法令益繁而弊端百出。豈蒙古人拙於治術？抑或信任非人？世祖時進用之阿合馬、盧世榮、桑哥，〔註19〕於元史皆歸為奸臣之列，若詳加查考，則毀譽參半，蓋其政策有善與不善者，其不善者，皆因於斂財，而斂財於當時乃世祖對外用兵養兵所必需，孰令致之？世祖也。雖其三人於世祖之世皆因案發而不得善終，但已敗壞政治風氣矣！其後尚有脫虎脫、〔註20〕鐵木迭兒、燕帖木兒之輩弄權專政，使元代政治不得清明，復因其斂財之本意不變，則益使元幣制日壞，國家財政瀕臨破產，而政治之腐敗與貪斂以用人不當最易解說；他如寵用番僧、種族歧視等亦皆為元代行政根本上之紕繆。

四、財政紊亂

　　國家府庫當取之於民，依常理言，民愈多則府庫益充實，國用自不虞匱乏。

〔註18〕同前註。
〔註19〕阿合馬、盧世榮、桑哥三人同列於《元史》「姦臣」傳中；參閱《元史》，卷二○五，頁 1～22。
〔註20〕參閱：《新元史》，卷一九九，頁 11～13。

古代中國賦稅乃以戶口土地為基礎，元之戶口總數於世祖平宋後，已達於漢、唐、宋最盛時期之數。〔註21〕「天下為戶凡一千一百六十三萬三千二百八十一，為口凡五千三百六十五萬四千三百三十七」。〔註22〕徵稅之制亦仿唐代，《元史》食貨志：「元之取民，大率以唐為法。其取於內郡者曰丁稅，曰地稅，此倣唐之租庸調也。取於江南者曰秋稅，曰夏稅，此倣唐之兩稅也」，〔註23〕戶口不下於唐、宋，則賦稅所得必豐國用，然終元之世時感財政困難，何由？茲列數端以為說明：其一，元之戶口雖稱繁庶，然實際歲入甚為有限，蓋元初行「封土分民」之制，至入中國，雖禁然猶未能遏止；農村遭破壞，生產力衰竭；官豪勾結匿田而不納田賦；佛寺占田既廣復免其稅，〔註24〕致百姓多獻田逃稅；又天災流行；諸如此類者影響政府歲收至鉅。其二，分國叛亂與四邊征伐，耗費不貲。其三，供養番僧、作佛事、營造寺廟等所需，皆取之於國庫。其四，諸王貴戚之賜賚，年年不斷，又濫恩倖賞者屢見不鮮。其五，不諳經濟原理，不知寓富於民，惟橫徵暴斂，濫發紙鈔。其六，亂民阻道，漕運破敗，〔註25〕致北方經濟困頓。其七，元代貪官污吏多。總元一代財政之紊亂，除天災多外，皆因人謀不臧所致。

〔註21〕 參閱：薩孟武著，《中國社會政治史（四）》，頁 196～197。

朝　　代	戶　數	口　數	資　料　來　源
漢平帝時代	12,233,062	59,594,978	漢書卷二十八下之二地理志
東漢桓帝永壽二年	10,677,960	56,486,856	晉書卷十四地理志上
唐天寶十三年	9,069,154	52,884,088	資治通鑑卷二百十七
宋徽宗崇寧元年	20,019,050	43,820,769	文獻通考卷十一戶口
元世祖至元年間	11,633,281	53,654,337	元史卷九十三食貨志一農桑

〔註22〕 《元史》，卷九三，「食貨志一：農桑」，頁 6。
〔註23〕 《元史》，卷九三，「食貨志一：稅糧」，頁 7。
〔註24〕 有關元代佛寺占田，可參閱：陶希聖著，〈元代佛寺田園及商店〉一文（上海：新生命書局，食貨半月刊，第一卷第二期，1935），頁 32～38。
〔註25〕 關於元代之漕運：河運與海運。順帝朝以來，由於內地之盜賊橫行，使河運增加困難。而順帝至正末年，海運復落於海盜之操縱，更使漕糧不易運達北方，北方經濟亦因而起變化。有關元代漕運可參考：（一）陳邦瞻，《元史紀事本末》（台北：三民書局，1966），卷十二「運漕」，頁 66～75。（二）吳緝華著，〈元朝與明初的海運〉（台北：中央研究院歷史語言研究所集刊第二十八本上冊，1956）一文，第一節論及「元朝海運的興亡」，頁 363～370。

五、崇信喇嘛

元世祖征服吐番，鑑於「地廣而險遠，民獷而好鬥」，〔註26〕不欲以武力征伐，思以喇嘛教羈縻之，乃尊奉喇嘛八思巴為帝師。初以此為政治手段，漸而篤信不疑，終而肇禍。蓋喇嘛既為元朝歷代皇帝后妃所崇仰，僧侶因之日益橫暴。姑不論其坐食公帑占田免稅，番僧擾民縱法之事時有所聞，尤有甚者：掘發宋陵，強奪民產，辱及王妃，插手宮廷，揮耗無度，淫虐日甚，傷風敗俗等，皆世祖初所未料及，喇嘛教之影響元代政治至鉅，〔註27〕故〔清〕趙翼撰陔餘叢考「元時崇奉釋教之濫」〔註28〕中稱：元之亡天下，半亡於僧，其言實不為過。

六、種族上之軋轢

蒙元以邊族入主中國，於行政上既未能符合現實，其中因民族之不諧調所滋生之紛擾日益擴大，如此潛藏之民族意識乃隨之而起。原因有三：其一，宋末元初之漢民族思想：中國雖經數代與邊族接觸，終不得要領，非僅未能調和，而且對峙日甚，故種族間之成見更難捐棄。宋末元初，雖有腐朽忘義之奸臣將領乞降於元，然亦不乏忠臣義士，若文天祥、謝枋得之流，於國破家亡之際，猶殷殷以恢復故國為念。如此者除含忠君理念，實亦排外思想有以致之。鄭思肖《鐵函心史》〔註29〕所表現凜然之民族正義，當足以代表其時大部分漢族之心理。此民族意識深植民心，而元不改其統治態度，壓抑日甚終必有爆發之時。其二，待遇之不平等：雖種族差異乃自然力造成，非人力所能克服。蒙元以邊族入主中國，本應致力於消弭種族界線，惟元則更分民族為四等級：蒙古、色目、漢人、南人，〔註30〕並於政治、法律之上予不

〔註26〕《元史》，卷二〇二，「釋老傳」，頁4。

〔註27〕參閱：譯英華著，〈喇嘛教與元代的政治〉（東方雜誌，第四十二卷，第四期，1946）一文，討論甚詳，頁15～29。

〔註28〕有關元代崇信喇嘛，參閱：趙翼撰，《陔餘叢考》（台北：世界書局，1970，四十三卷，目錄一卷），卷十八，「元時崇奉釋教之濫」，頁11～15，敘述詳盡。

〔註29〕《鐵函心史》，亦稱心史，或井中心史，其所記人事大抵真實，惟其中亦有諸多荒誕傳聞，堪稱漢籍中之奇書。一般皆以心史乃宋末元初鄭思肖（號所南）之作，台北：世界書局，1956，據歐陽（竟無）本影印出版；另姚從吾曾為文探討：（一）〈鄭思肖生平與行事雜考〉，刊食貨月刊號四卷一、二期，1974。（二）〈鐵函心史中南人與北人的問題〉，刊食貨月刊號四卷三期，1974。

〔註30〕關於元代分種族為四階級，〔元〕陶宗儀撰（南村）《輟耕錄》（台北：世界書

平等待遇，若百官之長至郡縣親民官吏之任用、科舉、蔭敍、刑罰、服色等無不置漢人、南人於低下地位。〔註 31〕其三，壓制並防範漢人：除對漢人予政治上不平等待遇外，爲求便於統治與防制漢人之反抗，而有沒收軍器及馬之規定，嚴禁民間藏軍器，漢人、南人並不得執軍器，不許學蒙古字，迄順帝後至元三年尙有丞相伯顏者請殺張、王、劉、李、趙五姓漢人〔註 32〕之議，可知元代對漢人統治之苛虐，無所不用其極，物極必反，此理之所必然。

七、天災流行

考之歷史，天災之流行每與國家動亂有因果關係。據鄧雲特著，《中國救荒史》載：

> 元代享祚一百六十三年（1206～1368），而受災總共竟達五百十三
> 次。其頻度之多，殊屬可驚！計水災九十二次；旱災八十六次；雹
> 災六十九次；蝗災六十一次，歉飢五十九次，地震五十六次；風災
> 四十二次；霜雪二十八次，疫災二十次。〔註33〕

其有關災情之記載，當可見之於《元史》各本紀及五行志中，尤以順帝朝最甚。鄧氏之統計固未依受災程度大小而定，然以此統計數目與歷代之災害比較，易知元代天災實較之任何朝代爲重。

至若天災之發生，本出於自然，如氣候變遷、地理環境等，爲人力所未能克服，然尙有人爲之政治因素與社會因素，促使天災頻率更多，程度更深，範圍更大。終元之世苦於應付民變，致疏於興治水利，蓋水利乃中國農業生產之根本要務。水利既遭破壞。復以各大地主之妨害水利水路，〔註 34〕益使

局，1963，三十卷），卷一，「氏族」條中（頁 24～28），分蒙古、色目、漢人
列舉。又，〔日〕箭內亙著，陳捷、陳清泉譯《元代蒙漢色目待遇考》（台北：
台灣商務印書館，1975），曾對陶著《輟耕錄》「氏族」條中，蒙古七十二種，
色目三十一種，漢人八種其中重複錯列或疑誤者詳加指陳，頁 7～29。

〔註31〕 箭內亙著，《元化蒙漢色目待遇考》，於第三章中討論元代各階級之待遇之差
別，參閱：頁 29～88。

〔註32〕 此一伯顏，乃《新元史》，卷二二四所指者，「（後至元）三年奏殺張、王、劉、
李、趙五姓漢人，帝不從」，頁 10。

〔註33〕 鄧雲特著，《中國救荒史》（台北：台灣商務印書館，1970），第一編「歷代災
荒史實之分析」，頁 26。

〔註34〕 參閱：陶希聖著，〈元代江南的大地主〉（食貨半月刊，第一期第五卷，1935），
頁 42～44。

元之水旱災流行，天災之頻仍加速元朝之衰亡。

八、軍隊弱化

武力向乃維持政權存續之後盾，蒙古之興起，軍事武力佔最大因素。《元史》「兵志」序文言：

> 元之有國，肇基朔漠，雖其兵制簡略，然自太祖、太宗滅夏翦金，霆轟風飛，奄有中土，兵力可謂雄勁者矣，及世祖即位，平川蜀下荊襄，繼命大將帥師渡江，盡取南宋之地，天下遂宇于一，豈非盛哉！〔註35〕

可見元初武功之強大，然終元之世內外情勢緊迫，蓋就國內而言，統治者——蒙古人（加上色目人）遠比被統治者——漢人、南人之人數爲少，潛意識中恐懼被征服者人多勢眾之造反，又被統治者基本上存在之反抗心理，則加強中央武力以維持政權之存續，未可忽略。就對外而言，元室雖未曾遭遇中國歷朝所面臨之嚴重外患，但卻不斷遭受以北亞草原爲根據地之蒙古親族之騷擾。爲鎮壓內亂，抵禦蒙古親族之擾亂，樹立皇室權威，因乃屯駐適量武力於國內重鎮，或邊塞據點，乃有地方武力之建立。

考元代兵制，由《元史》兵志中「宿衛」與「鎮戍」條略可知大概，〔日〕箭內亙亦據之以分元代兵制之統屬關係如下：〔註36〕

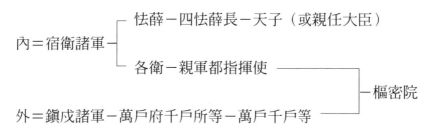

又，《元史》兵志「兵二：宿衛」條云：

> 元制，宿衛諸軍在內，而鎮戍諸軍在外，內外相維，以制輕重之勢。

〔註37〕

〔註35〕《元史》，卷九八，兵志，「兵一」，頁1。
〔註36〕箭內亙著，陳捷、陳清泉譯，《元朝怯薛及斡耳朵考》（台北：台灣商務印書館，1975），頁40。
〔註37〕《元史》，卷九八，兵志，「兵二：宿衛」條，頁1。另，有關元代宿衛與鎮戍制度，蕭啟慶曾爲文討論：（一）〈元代的宿衛制度〉（載：政大邊政所年報，

可知元代兵制亦致力維持中央武力優勢，以有效控制地方。

中央軍隊方面：

宿衛制度乃是元以來諸帝國爲維持政權所專行者，元代之宿衛制度則爲征服王朝特異形態之一，而兼有草原游牧社會統治者所特有之怯薛〔註 38〕及中國歷代帝王所通有之衛（禁）軍二種不同組織，相互制衡。元代，怯薛歹實爲政治與經濟上之特權集團。於政治而言，服役怯薛乃登龍之捷徑。於經濟而言，怯薛歹享有特權，年年接受龐大數額之賞賜，怯薛歹之士氣與紀律乃日漸頹壞。考怯薛歹之放縱，始於世祖末年，至成宗之世漸趨腐敗，其後雖有省台大臣建議改革，然其地位已於宮中根深蒂固，牢不可拔，加以元中葉宗室之內訌，大臣爭權擁立，益使怯薛驕橫跋扈。而怯薛之腐化，一則以

〔註 38〕 第四期，1973）；（二）〈元代的鎮戍制度〉（載台北：姚從吾先生紀念論文集，1971）。

「怯薛」。乃蒙文「KESHIK」之對音，依蒙古文語正統音，則應爲「GESHIG」 ᠭᠡᠰᠢᠭ。據蒙英字典，頁 460，怯薛爲名詞形，其意義主要有二，一爲受恩惠，一爲輪番（指一個人之職位、時間或機會在一個被排定的或輪流的順序之內）。「怯薛歹」，爲蒙文「KESHIKTEI GESHIGTEI」ᠭᠡᠰᠢᠭᠲᠡᠢ 之對音，按字尾變化「TEI」加於名詞之後即「者，指人」之意，其複數形爲「KESHIKTEN, GESHIGTEN」ᠭᠡᠰᠢᠭᠲᠡᠨ，取蒙英字典中之二義，則一爲受恩惠者，一爲成吉思汗之衛士。

考《元史》卷九九「兵志二」，頁 1。三載：「怯薛猶言宿衛也。……若夫宿衛之士則謂之怯薛歹。」如此則蒙英字典中所舉之第二義可以解釋之，由輪番而轉成宿衛之士，其意甚明。另：翁獨健，〈元典章譯語集釋〉（北平：燕京學報第三十期，1946），頁 288，謂此土耳其各種方言中有 Käzak 及 Käzik，其涵義與蒙古語之「KESHIK」相同，因謂此字或源於土耳其語，按土耳其語實指突厥語族而言，筆者乃查考屬突厥語族之維吾爾語，因據劉師義棠「維吾爾語文字彙卡片」，得（1）Käzik كَزِك 或 Käzig كَزِگ，意爲序列，次序等。（2）Gezäk گِزَك 意爲輪班、次序，以上皆爲名詞形。另有一名詞形 Gezäkchi گِزَكچِ 意爲哨兵、衛兵。由上可知蒙古語「怯薛」與突厥語之關係甚爲密切。

哈勘師楚倫認爲：由「受恩惠（者）」之原意，欲解釋「怯薛歹」乃宿衛之士，似嫌牽強。若從「怯薛歹」之組成份子與其陞遷情形而觀之，則取「受恩惠」一義而解釋「怯薛歹」，亦具有另一層次之實質意義。蓋怯薛初乃選自千戶百戶牌子頭及白身者子弟之技能體格皆優秀者，後及於功臣、諸王等貴族之子弟，一則以其子弟質於宮廷，意在防止其反叛。再者，可汗禮遇「怯薛歹」甚殷，其中由「怯薛」出身而被格陞進爲文武大官者亦夥；在可汗皇室而言，開怯薛之門，實亦藉以施恩於諸王，功臣等貴族，而庇蔭其子孫後代。在「怯薛歹」本身而言，則是受領恩惠。因此，筆者以爲：欲解釋「怯薛」，實應兼具上述所指之二義。關於元代之怯薛，箭内亘博士有專著，《元朝怯薛及斡耳朵考》，頁 1～57，討論甚詳。

漢族平民之湧入，乃減低其原有之貴族精神。另則以當時官僚與貴族階級之普遍腐敗，而怯薛多出身官僚與貴族家庭，則怯薛歹之腐化實爲當然之趨勢。〔註39〕

　　元代之禁衛軍，就組織而言，並非沿襲唐宋制度，實乃草原「萬戶」之中央化。蓋爲數僅一萬之怯薛，尚不足以充任皇帝之禁軍，尤其禁軍之組織，除藉以拱衛皇帝外，且用以平衡地方軍隊之勢力，故其數目於世祖末年僅十二衛，至元末則增爲三十四衛。然而如此中央武力集團於元末卻淪爲權臣廢立皇帝及操縱朝臣之工具，其衛軍保護皇權干城之精神盡失，更談何平衡地方軍隊之勢力，萬一地方有警則必生紕漏。

　　由怯薛之腐化，可以預見蒙古統治集團之頹廢，而衛軍之變質更易於瞭解，元代帝王已無法維持中國式專制帝王之絕對權力。〔註40〕歷來中央軍隊之腐化弱化，乃啓地方勢力坐大之根源。

地方軍隊方面：

　　元初以武功定天下，幅員既廣，則四方鎮戍之兵必重，太祖以來殊無定制，及世祖平宋統一中國，乃命宗王等將兵鎮邊，扼咽喉之地。或因於地理與政治因素，大抵以淮水爲界，劃漢地爲兩大軍區，故「河洛、山東，據天下腹心，則以蒙古探馬赤軍，列大府以屯之；淮江以南，地盡南海，則名藩列郡，又各以漢軍及新附等軍戍焉」。〔註41〕由上所述可見當時大多數蒙古軍概集結於北方黃河流域一帶，漢軍及新附軍則集於長江下游與華南，顯示各地之駐兵較爲薄弱。除漢地而外，元代疆域尚奄有今東北、內外蒙古、新疆、西藏之地，乃另置鎮邊萬戶府，都萬戶府宣慰司、都元帥府等屯鎮之。若此偏遠地區，供給出戍軍人馬匹與調度之困難，常影響及制度之完整與效力。

　　元代之鎮戍軍隊歸樞密院總管，因地制宜，本可收鎮戍之功，然元代各鎮戍士卒，除鎮守黃河流域之蒙古軍以營爲家外，餘皆屬歲時踐更者，若戍守邊遠地區則三歲一更。龐大之鎮戍費用，使軍戶物力衰竭，再加以軍官之腐敗，經理不當，鎮戍踐更移置失所，以及軍隊成員缺而未能實補，戍守漸成空虛，則輪戍制度實已廢棄不行，不如世祖之世隨時運用以鎮壓叛亂，迨順帝至正十年（1350）以後，各地起民變，元鎮戍之軍已無法維持地方秩序。

〔註39〕蕭啓慶，〈元代的宿衛制度〉，頁66。
〔註40〕同前註，頁74。
〔註41〕《元史》，卷九九，兵志，「兵二：鎮戍」條，頁16。

元以「馬上得天下」，欲控制偌大且人口複雜之地區，於軍事上之安排亦必頗費周章，草原軍事組織既不能適用於中國，立國之初，乃部署中央及地方武力以鞏固其政權。世祖時，因制度初創，組織尚稱健全，國內縱有變亂，皆能適時趨軍鎮壓無虞。惟元代用兵次數多，耗費大，制度日久漸生弊端，如柯劭忞云：

> 蒙古起朔方……然不及百年，兵力衰竭，而天下亡於盜賊，何也？
> 其失在軍官世襲，使紈綺之童騃，握兵符，任折衝，故將驕卒惰，
> 不可復用也。〔註42〕

復以種族間之潛在衝突，蒙古兵草原驍勇作戰精神之喪失，迨至元末，兵制益形紊亂，軍人擅專，不聽調遣，先有孛羅帖木兒，後有察罕帖木兒，則使元室賴以維持政權之僅存利器陷於癱瘓。

九、群雄蜂起

元政權本無統治中國之政治文化基礎，而既有上述之缺憾，則元末災荒，導致群雄蜂起乃必然現象。共產政權雖每謂其為「農民革命」，然論其實質則應屬「饑民反抗」；蓋革命者，乃指社會之改造，具有較好之政治理想而言，〔註43〕但元代民間抗元運動，並無此種意識。

終元之世，叛亂事件屢見不鮮，先後有漳州陳吊眼（至元十六年）、政和黃華（至元二十年）、廣州羅平國（至元二十年）、婺州陳巽四（至元二十三

〔註42〕《新元史》，卷九八，兵志一，頁1。

〔註43〕一般謂元因群雄蜂起而導致滅亡，然有元一代，類似事件之延續，雖元廷皆以盜賊亂民視之，實際上並不如此簡單。有關元代之民變，黃清連著，〈元初江南的叛亂（1276～1294）〉（台北：中央研究院歷史語言研究所集刊，第四十九本第一分，1978）一文前言中，曾以革命、暴動與叛亂之成分分辨元代民變之本質乃是傾向於叛亂性質者，頁37～38，可為參考。藉此可解釋元末群雄之起，初乃無異於叛亂之性質，蓋其政治意識為饑餓所掩蔽之故。漸因形勢之擴張而加以民族意識之推動，使叛亂成為有組織，有理想之政治團體，終有朱元璋之建立明朝。

另有關元末群雄叛亂之性質，據蒙思明，《元代社會階級制度》（北平：哈佛燕京社，1938出版；台北：東方文化書局景印）稱：群雄之起，乃是元代階級制度崩潰之結果，而元代社會階級制度以經濟為基礎，非以民族為基礎，則元末群雄之起，初並非為民族因素，而是經濟因素。故蒙氏批評道：歷來治史者均以民族革命觀元末之民變，實皆由結果而斷定其性質。至若元末群雄之反叛性質，終不免有若干民族意識，但民族思想並非其主因可知，見頁207～216。

年）、西川趙和尙（至元二十三年）、合州韓法師（後至元三年）、以及廣東、浙江（至元二十五年）、贛州（成宗元貞二年）、廣州大金國（順帝後至元三年）等亂事，元廷常稱之爲盜，以其政治理念不彰，且叛亂範圍不大，迨至正十一年（1351）「紅軍」起義〔註44〕後，叛亂事件增多，叛亂規模亦擴大。然由於紅軍集團缺乏明確之政治號召，復以內訌混戰，徒消耗實力，乃予後起者朱元璋有利之發展機會，朱元璋取天下於群雄之手，蒙古之中原政權亦隨之宣告覆亡。

　　計元末群雄中勢力較爲強大者有：

　1、吳天保，擾全州、道州、廣東、湖南、貴州諸區。

　2、方國珍於至正七年（1347）起於台州黃巖攻陷溫州，據有浙東之地。

───────────

〔註44〕「紅軍」，是白蓮教徒之武裝團體，崇拜彌勒佛。元初宗教信仰自由，成宗時（1295～1307）並曾特降聖旨保護之，而享有特權；然武宗即位後，乃於至大元年（1308）下詔禁止白蓮社，毀其祠宇，取消其特權，將其人還隸民籍，至治二年（1322）五月，又下詔禁白蓮佛事，自此白蓮教便成秘密之地下宗教團體。至正十一年（1351）以後，劉福道等推奉韓山童爲「明主」，四處派人通知，圖發動起事，約定以頭裏紅布爲符號，故有「紅巾」、「紅軍」之稱謂。又據〔明〕權衡，《庚申外史》（台北：廣文書局，1968），「（辛卯）至正十一年」條謂：「五月，潁川、潁上紅軍起號爲「香軍」，蓋以燒香禮彌勒佛而得此名也。」見頁21上，故當時有謂「紅軍」爲「香軍」者。另由孫克寬對元代道教之探討，引發一問題，筆者以爲值得取之與白蓮教起義事件一併討論。孫氏所著，《元代道教之發展》（台中：東海大學，1968）一書下編，第一：「元代道教之特質」中稱：元代道士之活動，具有社會性──即深入社會上下各階層中，道士本身之行業，如齋醮驅鬼，不過是一種掩護。溯自北宋，時崇重道教，國家雖遭女眞入侵，中原淪陷，社會人士旣對道教有深厚之信仰，前於危亡顚沛之際，對宗教之依存性更大。故南宋時，北方（大河南北）便出現三宗派（全眞教、太一教與眞大教）趨於合一之新道教。南宋亡後江南又成「正一教」，即傳統之天師教。以上四個道教宗派，於元完全統一中國之後，道士們乃極力與漢人士大夫階級相結合。蓋當時之中國漢人，無論文士、武夫或方外，皆有一共同目標：如何在蒙古鐵騎鋒刃之下，保全劫後遺民及流傳漢人文物。如：耶律楚材、元遺山（以上爲文士）、嚴實、張柔、史天澤（以上爲武夫）、丘處機、蕭輔世（以上爲方外）等，皆影響及蒙古汗廷，並切實挽回中華民族與文化於狂瀾中之靈運。
要之，其中北方之全眞與大道（即眞大）兩教，初起時之教旨介於佛儒之間，制行亦似佛教之禪淨。而全眞復以金蓮花爲表記，並與山東義軍有交往，似乎在謀求三教合一之途。彼等藉宗教以掩護抵抗邊疆民族之微旨，或乃開「紅巾──白蓮教」秘密結社之先河。孫氏雖未敢以蓮花之連想，而將道教與「紅巾」相提並論，然吾人由以上之認識，當可知白蓮教之組織及其起義之型態，或乃循此而發展者，參閱《元代道教之發展》，頁233～246。

3、韓山童等，奉白蓮教，倡言天下大亂，彌勒佛下生，擾亂於江淮之間。

4、劉福通，至正十一年起穎州，迎白蓮會首領韓山童子韓林兒都汴，稱宋，據淮北、河南，一時聲勢浩大。

5、李二，據徐州。

6、趙均用初據徐州，後據濠州。

7、徐壽輝，起於羅田，初陷漢陽、江州，再陷袁、瑞二州，據有湖北、江西之地，於蘄水建都，國號天完。

8、郭子興，起於定遠，據濠、滁等州。

9、陳友諒，原為徐壽輝部將，篡壽輝，據江州，奄有湖北、江西、安徽之地。

10、張士誠，起於泰州，初據江北等地及高郵、平江、浙西之地，稱吳王。

11、陳友定，據延平，及福建等地。

12、明玉珍，據成都，奄有四川諸地，稱夏帝。

13、何真，據東莞，有廣東諸地。

14、朱元璋，初從郭子興，後捨子興自謀發展，據浙江、江蘇、安徽之地，自號吳公，並曾稱臣於韓林兒，奉龍鳳年號。

有關群雄活動事跡，〔明〕國初群雄事略〔註45〕記載甚詳，無庸贅述，蓋群雄屢起，乃證明元已無力平息動亂，元亡之象大白矣！若以中國整個歷史發展而言，元末群雄割據，實乃一治一亂間之小插曲而已。

第二節　元朝衰亡與中國歷代王朝崩潰原因之比較

本節試圖從中國歷代一治一亂之觀點解析治亂根本原因，再與元朝衰亡

〔註45〕錢謙益著，牧齋甫編，《國朝群雄事略》（台北：台灣華文書局，1969）。據漢唐齋藏抄本刊，全書原有十五卷，今本缺後三卷（明昇、察罕、方榮），各附入其父卷中。故今取十二卷，所討論者十五人中，卷一，〔宋〕小明王（韓山童）；卷二，滁陽王郭子興；卷三，天完‧徐壽輝；卷四，〔漢〕陳友諒；卷五，〔夏〕明玉珍（附其子昀昇）；卷六，東莞伯何真；卷七，〔周〕張士誠；卷八，方谷真（方國珍）（附其子方榮）；卷九，擴廓帖木兒（附王保察罕）；卷十，光祿大夫中書平章政事‧李思齊；卷十一，海西侯‧納哈出；卷十二，陳友定。

比較，藉以瞭解元朝衰亡在中國歷史上之特異性。

一、中國一治一亂之史觀

歷史之發展果有循環定義可尋？雖西方史家如羅倫茲（德國人，O. Lorenz1832～1904）者倡言歷史週期性之循環論說（The Cyclical Theory of History）謂：歷史過程以百年為週期，稱之為「自然歷史週期」（Natural Historical Period），並納諸多重大歷史事件於此一週期中。〔註46〕而中國自古以來，「一治一亂」〔註47〕之史實至為顯著，浸浸而形成一種結論。質言之，實與上述循環之歷史哲學或史觀有異曲同工之處，蓋中國歷史之治亂盛衰，依演變之軌跡觀之，係呈循環交替狀態，治後必有亂，亂後必有治，治亂之間，有顯著之週期性發展，故論者每援引學理與史實以驗證「天下之勢，合久必分，分久必合」之成見，自戰國時代孟子（約西元前 372～279）首倡一治一亂之史觀以來，其先後探究有關一治一亂學說者，如鄒衍（約西元前 350～280）及呂氏春秋（約240）之「五德（五行──土、木、金、火、水）終始說」、東漢末年王充（約27～100）之「命期自然說」、東漢末年仲長統（179～219）之「理亂說」、北宋李覯（1009～1059）之「一治一亂說」、北宋邵雍（1011～1077）之「元會運世說」、元末明初胡翰（1307～1381）及明末李贄（1527～1602）之「治亂循環說」、明末清初黃宗羲（1610～1695）之「一治一亂說」、清末民初歷史學者夏曾佑（1865～1924）之「治亂循環觀」、當代科學家李四光（1889～1971）之「治亂週期觀」等；〔註48〕考以上對一治一亂之說，大抵而言，古人喜以中國固有之「天道循環運行觀念」兼以史實佐證而言治亂，近人則重史實與社會觀以探討歷史之治亂。值得注意者，李四光從中國內戰之角度，〔註49〕藉統計方法繪成治亂週期

〔註46〕謝劍，「循環論（Cyclical Theory）」，載於雲五社會科學大辭典，第十二冊「歷史學」，頁 19。

〔註47〕關於「治亂」意義之解釋，參閱羅香林，《中國民族史》（台北：中華文化出版事業社，1959，四版），第二講，「歷代治亂的因果」中謂：治亂乃視人們之行動與作為所構成事物之有無秩序而定，其有秩序便稱治，無秩序則稱之為亂。頁 29～34。

〔註48〕中國歷代一治一亂思想，參引周道濟撰，〈我國一治一亂思想的探討〉（台北：中央研究院三民主義研究所，專題選刊第十五本，1978），上篇「我國一治一亂的各種學說」，頁 1～20；人物生卒年略據姜亮夫著《歷代名人年里碑傳總表》（台北：台灣商務印書館，1970，台一版）。

〔註49〕李四光，〈戰國後中國內戰的統計和治亂的週期〉（載北平：中央研究院歷史語

表，以顯示治亂循環之週期性（附表一）。

表一　中國歷代治亂循環週期表
——中國內戰頻度曲線與中國歷史上重大事件的比較
（自秦政二十六年至民國十八年，221B.C.～1929A.D）

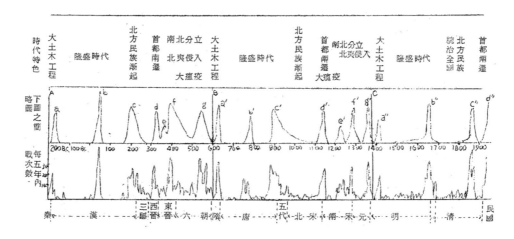

資料來源：李四光撰「戰國後中國內戰的統計和治亂的週期」

李氏不分戰爭之性質、規模、區域，而謂：內戰之頻繁度可以表示擾亂之程度。絕無內戰之時代，大致可稱治世；內戰愈烈愈多，則其亂之程度增加，稱之為亂世。結論中並謂中國歷史每一治亂週期可分三節：（1）戰爭時期；（2）大土木工程時期；（3）隆盛時期（又分第一安定時期與第二安定時期），周而復始。但其著眼點為戰爭之次數，內戰者本為解決衝突之最下策，實乃政治混亂之果，而非為因。然由其圖表所顯示之中國內戰頻度曲線，比之歷代治亂興衰之情形，大抵不相違背，因此其研究統計之結果值得重視。

言研究所集刊，外編第一種《慶祝蔡元培先生六十五歲論文集上冊》，1933），頁 157～166。其統計標準選擇之方法有明確交待：一個時代治亂的程度，本來不容易測定；而在過去各時代中，測檢尤其困難。循環的觀念，大都托胎於事勢的類似和類似的事實在時間上作有規則的分配。假如我們能得著測檢治亂的標準，我們還得取一個極長的時期，纔能作有效的比較。這不僅是定性的問題，還有定量的問題。所以選擇標準，我們得顧到定性和定量兩方面的困難。從此著想，標準的選擇，至少不能不受下列三個原則的支配：（一）所擇標準事實確能代表治亂的現象；（二）標準本身的性質極為明顯，無絲毫曖昧，致與他種事實混亂；（三）可以統計的方法，定其數量，從數量上可知某時代治亂的程度。總觀各種歷史上的事蹟，歷代國內戰爭一項，似乎最適合以上所列條件。（頁 157）

　　縱使歷史循環論爲多數史家所樂道，然其理論實缺乏有力證據，蓋相同循環之運作，無論於宇宙演化或人類歷史上，均未能證明其存在。且於歷史與社會變遷中，亦未能證明其循環有某種程度之穩定性及永恆之趨勢存在，至若其歷史發展循環中，是否有其週期性（Periodicity），更是難以判定。中國史家沈浸於一治一亂循環說，實因中國特殊之地理環境與中國文化之「內傾性」〔註50〕使然，亦乃中國文明長期停滯不進之主因。觀三千年來中國始終未能脫離農業生產型態之社會，陶希聖於《中國社會與中國革命》一書中曾言：

> 歐洲近代社會的生產是擴大再生產，中國社會的生產卻是單純再生產。中國社會的生產，是以同一技術，同量資本，在同一的生產組織之內，反覆實行的。〔註51〕

　　要之，中國農業生產型態孕育農業文明，農業文明則演變成功一套適合農業社會之政治藝術，而「歷史者過去政治也」，〔註52〕因此中國歷史之發展實與農業文明所衍生之政治文化息息相關，則中國治亂興衰之循環週期甚爲顯著，亦值因於此，蓋農業社會之極限——人口增加後，產量有極限，耕地亦有窮盡時，加以社會吞併，貧富兩極化等現象之結果，促成歷史循環週期之規律性。〔註53〕

　　政治需要有雄厚之經濟力量爲其基礎。中國既以農立國，則農業經濟與水利灌溉息息相關，而水利灌溉又以河川是賴，故河川對中國政治之影響，更加強中國歷史一治一亂循環之或然性。蔣師君章在政治地理學原理一書中指出：中國乃是合三大脊椎形流域而成之一平行型河川國家，幅員廣大，境內東西流向之大河流域，各有其經濟利益，亦各有其政治團體，如此自然環境即形成分裂之因素。故當中央政府之統馭能力小於分裂因素時，國家即出

〔註50〕錢穆，《中國歷史精神》（台北：東大圖書有限公司，1976，據錢穆先生於民國 40 年春於台北應國防部高級軍官組之特約講演稿修訂初版），增附第一講「中國文化與中國人」（頁 129～145）中，闡釋中國文化之內傾性，並於增附第二講「從東西歷史看盛衰興亡」（頁 146～166）中，說明中國文化內傾性與中國歷史盛衰興亡之關係。

〔註51〕陶希聖，《中國社會與中國革命》（台北：全民出版社，1955，台初版），頁 127。

〔註52〕班茲（H. E. Barnes）撰，董之學譯，《新史學與社會科學（The New History and the Social Studies）》（台北：華世書局，1975），頁 2，引英國史家福禮門（E. A. Freeman, 1823～1892）之說，稱歷史爲「過去政治」。

〔註53〕參引：唐文標，〈歷史研究的上下左右——兼談湯恩比〉（載于陳曉林譯，湯恩比著，《歷史研究》，桂冠圖書公司，1978，唐序文中），頁 34。

現動亂與分裂之局面；反之，則是太平與統一之局面。〔註 54〕以上蔣師之灼見，實已爲中國歷史一治一亂循環說提出其最有力之解釋。

　　一般言西洋史每分上古、中古、近古、近代四時期，上古指希臘羅馬時期而言，中古乃指封建時期之蠻族時代或「基督教國一千年」時代，近古指歐洲文藝復興及哥倫布發現新大陸以後之時期，近代則指法國大革命、現代國家興起以後之時期，上述四期中間略以（1）西元四七六年西羅馬滅亡，蠻族之入侵；（2）十四世紀末文藝復興開始或一四九二年哥倫布發現新大陸；（3）一七八九年法國大革命，三點爲斷代之準則。中國人言歷史者常依朝代分期，如先秦史、秦漢史、魏晉南北朝史、隋唐五代史、宋遼金史、元史、明史、清史等。西洋史之分期概以其生產方式或社會思想之改變爲基礎，每期所代表者皆以不同民族不同形態出現。顯見上下之分割、段落互有不同，亦即其上下歷史彼此各具特殊性，且其變異性亦較顯著，使人易見。而中國歷史分期者，論其民族及社會形態皆無任何重大改變；蓋中國歷史之變動，隱而在內，使人不易覺察。但中國史家卻將之明顯分割成數個斷代，而已普遍爲人所接受，何由？吾人不得不將之歸於農業社會文化所造成似有規律之一治一亂循環因素；因此，中國斷代史之劃分乃沿一治一亂之史實而定，似無大不妥之處。雖有部分史家以人類歷史進化不可截然分開，以及歷史背景隨時代推移變遷爲由，而不贊同將歷史分期討論，但上述中國農業文化發展之特殊規律性，使中國斷代史之劃分便於探討中國歷史上政權興衰之解釋；若今日工業社會，人類克服自然因素之能力已大增，並漸漸脫離農業社會，而其文化、制度等亦隨之變遷，則治亂循環說將難以再解釋歷史發展之趨勢。

二、中國歷代王朝崩潰之型態

　　既承認中國過去歷史分割斷代之可行性，則探討中國歷代崩潰之原因，亦可由斷代史中歸納以獲結論。一般言之，歷代王朝之興衰由於人才，而其強弱治亂則繫於社會風向與文化政教。中國農業社會之性質，其政治力量、農業生產情形以及社會組織，皆可能於某一時期支配歷史治亂之動向，以上三則姑且稱之爲敏感因素或顯性元素（Dominant element），而三者之中尤以政

〔註 54〕 蔣師君章，《政治地理學原理》（台北：自刊本，1976），頁 180～181。而蔣師所倡「河川對政治之影響」之說，用以解釋元末群雄並起之情勢，亦甚爲妥當，見同書頁 181～182。

治因素爲重，政治亦乃一切動力之源，經濟、軍事、社會、文化等之發展無不由之，又包括人事與制度。〔註55〕制度乃是經由社會規範（norms）所建立與維持，而具有相當穩定性之結構。制度之訂定與推動亦因於人，蓋徒法不足以自行也，因此追根究底，人事成爲吾人探討政治之重心。

若由人事而觀治亂之因素，君主既賢且能，兼以忠貞有幹才之臣屬輔佐之，國家自易興盛；反之，君主無才無識復無德，臣下且貪污無能，或心懷奸詐，則國家自易衰亡，此乃歷史鐵則。再深入由君主、士人與民眾三方面〔註56〕以觀人事之影響政治者如下：

（一）君　主

歷代創業帝王，多來自民間，習知民間疾苦與社會情況，且其自身天資超人一等，自知爲人處事之道。然傳之數代，君王久居深宮，與外面現實社會脫節，若復昏庸，則必使國家政治導入衰亡之途。蓋依中國政治傳統而觀，凡全國官吏行政最後只向君主一人負責，君主昏庸，則雖有忠臣志士，亦難發揮其才智，更有甚者，其倖佞之臣屬必藉以擅權亂政。故一般言之，開國或中興之君臣，較富朝氣而有創造力，其後數代日久玩生，則政治必將日趨下游矣！

（二）士　人

中國自秦以來，即爲一士人政府，因此士風之好惡，影響政治頗大。天下承平日久，士大夫等愈感爵祿之可羨，乃諂媚阿諛以求顯貴，清高之志士則多退隱林泉，不問朝政，即落入所謂「小人道長，君子道消」之昏暗政治風暴，士風日益敗壞，非但未能進諫諍於君主，且常助紂爲虐，社會既缺乏幹才領導，則天下於是乎大亂。

（三）民　眾

以上君主與士人都屬政治領導或創造之少數階層，而民眾則是受治之對象，領導者固然可以左右整個社會局面，然而群眾是構成社會大體之要素，因此社會秩序之安定與否，繫乎社會民心，正如水可載舟亦可覆舟；承平日久，無戰事之迫害，人民生活安定，人口自然逐年增多，於是眾多之人口汲營於有限之土地上，生產技術復無能改良，倘逢天災，不免遭受飢餓襲擊，若君臣昏暴，行政效率低落，且不知即時賑濟，饑民淪爲流寇，一經煽動，

〔註55〕政治分人事與制度兩個層面探討，參閱：錢穆，《中國歷代政治得失》，頁 1～5。
〔註56〕參閱：梁漱溟，《中國文化要義》（台北：正中書局，1972），頁 226。

必易造成政權之致命傷，或至顛覆滅亡。

中國農業社會之本質不變，則自然因素如水旱災、瘟疫等之影響社會正常發展者極大，故人事非常重要，即一政權克服自然災害之能力亦爲其政權興衰之關鍵。人事健全偶遇天災或能渡過難關；否則常因天災，加之人謀不臧，而導入衰亡之途。

於中國歷代王朝治亂之循環率中，吾人似可據以上有關人事之討論，而歸納成數則衰亂之原因，一若其共同特性。──政府領袖昏庸貪暴，政治腐敗，任用群小，不知爲民興利除害，反禍國殃民。於是貪污壓迫，賄賂公行，苛征雜稅等，層出不窮。既浪費公帑，復魚肉小民，則國雖富，久必貧，迨水利不興，河工荒廢，天災橫行，民不聊生。人民至忍無可忍之時，必挺而走險，反抗虐政。而政權賴以維持之軍事組織，亦常因中心行政機構之腐敗而弱化，勢不足以抵抗外來敵人，維持社會秩序。試觀我國歷代之衰亡，常由連年天災與饑餓而發生，即足以證明上述結論之正確性。天下混亂，群雄爭起，成者爲王，敗者爲寇。以上衰亡原因之特性，尙可解析成數個型態：(1)政治腐敗，(2)社會不安全，(3)經濟破產，(4)普遍之不安狀態，(5)殘暴之鎮壓行動；則此一疲憊不堪之政府，先被官吏霸佔僭取，繼則被革命叛亂集團瓦解。檢討中國歷史上十餘次反叛或改朝換代之原因，如陳涉、項羽、劉邦乃爲反對秦朝苛政；赤眉之亂，爲反對王莽之失政與災荒；黃巾之亂，亦由於漢末政治之腐敗；唐至清，先後有安祿山、黃巢、朱元璋、李自成、洪秀全等，〔註57〕皆應驗：因於當時政治積弊已深，社會腐敗日甚，且具備以上衰亂之原因，則顯示舊政治之組織不能繼續維持下去，勢必開創一全新局面以應現實（中國人心久亂思治之殷情）之需要，遂成中國王朝之遞嬗。

三、元朝衰亡之特異性

元以邊疆民族入主中國，雖挾其游牧社會之治術圖統中國，終亦屈服於「政治重現實」之環境底下，乃不得不接受漢法以治理漢地。由於此一事實，加以蒙古人始終不欲放棄其原有草原之政治理念，故雖有完整而合時宜之制度，一經實行，卻紕漏百出，良法之效率幾於全失。不能適應中國農業社會

〔註57〕 以上併參閱：S. Y. Teng(鄧嗣禹)，"A Politcal Interpretation of Chinese Rebellions and Revolutions"（Taipei：Tsing Hua Journal of Chinese Studies, Vol. I, No.3, 1958），pp.91～119。

之政治環境之行政方式，終必產生不良效果；蒙古元之統治中國，其衰亡除具備前述中國歷代王朝崩潰原因外，吾人認為其特異且重於歷代者有四端：汗位繼承法問題，征伐不合時宜問題，種族歧視與行政偏差問題，國家財政破產問題。吾人於此敢指出：以上四端實乃蒙、漢文化思想潛在衝突之癥結，容於四、五兩章再詳細討論，本文由文化因素而探討元朝衰亡，其重點概本於此。

第四章　元朝衰亡之本質

　　探究一個朝代衰亡之本質，有賴抽絲剝繭工夫，因此宜追溯至王朝興起背景。本章擬分四節，第一節爲元朝建國之特性與基礎；第二節爲元朝文化之發展；第三節爲衰亡之關鍵；第四節爲元代衰亡與主要文化因素之關係。茲逐項討論於后。

第一節　元朝建國之特性與基礎

　　一般言元朝之建國，必溯自太祖成吉思汗統一蒙古內部，創造蒙古帝國；次則太宗窩濶台汗、定宗貴由汗、憲宗蒙哥汗之相繼經營，而後再敍及世祖忽必烈汗之建立元朝。有關忽必烈汗即位前四大汗時代之蒙古帝國興起發展情形，中外史書討論甚多，茲不贅述。本節特針對忽必烈汗所建立之元朝加以討論，至其時間究應自何年開始。下分四則略述之。

　　（一）忽必烈汗即大汗位與建元之時間。宋理宗景定元年（1260），陰曆庚申年三月二十四日，即大汗位於開平。〔註1〕並於同年五月十九日建元爲中統元年。〔註2〕

〔註1〕《元史》，卷四，「世祖本紀一」，頁6載：中統元年春，三月戊辰朔，車駕至開平，親王合丹、阿只吉率西道諸王，塔察兒、也先哥、忽剌忽兒、瓜都率東道諸王，皆來會，與諸大臣勸進。帝三讓，諸王大臣固請。辛卯，帝即皇帝位。
〔註2〕《元史》，卷四，「世祖本紀一」，頁8載：丙戌，建元中統。詔曰：「祖宗以神武定四方，淳德御群下。朝廷草創，未遑潤色之文；政事變通，漸有綱維之目。朕獲纘舊服，載擴丕圖，稽列聖之洪規，講前代之定制。建元表歲，示人君萬世之傳；紀時書王，見天下一家之義。法春秋之正始，體大易之乾元。炳煥皇猷，權輿治道。可自庚申五年十九日，建元爲中統元年。惟即位

（二）建國號爲元之時間。以宋度宗咸淳七年（1271），至元八年（辛未年），十一月，下詔建國號曰大元。〔註3〕明年並完成大都城（即汗八里，Khanbalik）之建築，〔註4〕其後蒙古諸帝多日駐此，夏日則駐上都。

（三）平定江南，統一中國之時間。宋恭帝德祐二年（1276），至元十三年（丙子）三月元兵入臨安，虜帝及皇太后等北去。

（四）宋亡，元繼爲正統之時間。宋衛王祥興二年（1279），至元十六年（己卯）二月，宋厓山守將張世傑兵潰，陸秀夫負帝投海死難，宋統遂絕。

上述所列四點，實各具其意義。若「建國號曰元」一事，乃因大業既成，建國號以維紀統，亦即日後有元之立於中國正史，其名稱乃源於此時；若「定江南，統一中國」者，蓋其時宋主爲元兵俘虜北去，雖賴諸臣志士先後擁立昰、昺二王，但已無疆域爲根據，且朝廷規模盡失，苟延殘喘而已。江南之

體元之始，必立經陳紀爲先。故內立都省，以總宏綱；外設總司，以平庶政。仍以興利除害之事，補偏救弊之方，隨詔以頒。於戲！秉籙握樞，必因時而建號；施仁發政，期與物以更新。敷宣懇惻之辭，表著憂勞之意。凡在臣庶，體予至懷！」

〔註3〕《元史》，卷四，「世祖本紀四」頁13載：建國號曰大元，詔曰：「誕膺景命，奄四海以宅尊；必有美名，紹百王而紀統。肇從隆古，匪獨我家。且唐之爲言蕩也。堯以之而著稱；虞之爲言樂也，舜因之而作號。馴至禹興而湯造，互名夏大以殷中。世降以還，事殊非古，雖乘時而有國，不以利而制稱。爲秦爲漢者，著從初起之地名；曰隋曰唐者因即所封之爵邑。是皆徇百姓見聞之狃習，要一時經制之權宜，概以至公，不無少貶。我太祖聖武皇帝，握乾符而起朔土，以神武而膺帝圖，四震天聲，大恢土宇，輿圖之廣，歷古所無。頃者，耆宿詣庭，奏章申請，既成於大業，宜早定於鴻名。在古制以當然，於朕心乎何有。可建國號曰大元，蓋取易經『乾元』之義。茲大冶流形于庶品，孰名資始之功；予一人底寧于萬邦，尤切體仁之要。事從因革，道協天人。於戲！稱義而名，固匪爲之溢美；孚休惟永，尚不負於投艱。嘉與敷天，共隆大號。」

〔註4〕馮承鈞譯，《蒙古史略》，頁57，並引馮承鈞自註：忽必烈汗自至元元年（1264）以來，即將都城從上都遷至中都，而名中都爲汗八里（Khan-balik），乃汗城之意，此十都，即金時之燕京，忽必烈於至元四年（1267）于舊城東北另建一新城，以與舊城相接，而於至元九年（1272）落成，名之爲大都，即今之北京，亦乃史籍中之汗八里。
另據：小徹辰薩囊台吉原，沈曾植箋證，張爾田校補，《蒙古源流箋證》（台北：中國文獻出版社，1965）卷四，頁11上，所載關於大都城之沿革亦同。即：「大岱都城」——張爾田按元史地理志，大都路初爲燕京。世祖至元元年改中都，四年始於中都之東北置今城而遷都焉，九年改大都。

宋軍除小規模之抵抗外，元實際上已控制整個江南，則元之統一中國亦應以
此時爲斷。又「宋將陸秀夫負末帝投海，宋統遂絕，元繼承正統」一事者，
實乃史鑑所以昭法戒，君臣維護統緒之表現，亦乃史家書法廢興代嬗編年之
憑式。凡此三者，概以史家重視史事發展所特具之歷史性而名其意義，殊不
若「忽必烈即大汗位與建元」一事所代表之意義爲重。本節所欲探討元朝建
國之基礎與其特徵者，其時間僅溯至「忽必烈即大汗位與建元」一事，吾人
以爲此事乃直接關係元朝建國者，而其實質意義尤重於一切。述之如下：

一、忽必烈汗即位前後與蒙古守舊派間之衝突及其建立元朝之意義

忽必烈即大汗位後之意義有三：其一，前「四大汗時代」所建立之蒙古帝
國之政治中心漸轉移至漢地。〔註5〕其二，中國式之王朝形態於是形成。其三，
整個蒙古帝國，實際上已因忽必烈汗之即位而隨之宣告崩離瓦解。然而造成以
上結果者，究其原因，概匯結於一途：即元世祖傾慕漢文化而與蒙古守舊派間
所造成之衝突。衝突由來已久，宜溯自世祖潛邸時期。《元史》世祖本紀載：「歲
甲辰（1244），帝在潛邸，思大有爲於天下，延藩府舊臣及四方文學之士，問以
治道」。〔註6〕至其人才來源，經世大典序錄，「禮典總序上篇八：進講」條載：
「世祖之在潛藩也，盡收亡金諸儒學士，及一時豪傑知經術者，而顧問焉」。〔註
7〕則世祖之傾慕漢文化可見，而世祖之接觸漢文化，實與其受封漠南之地有關。
一二五一年，忽必烈之兄蒙哥汗即位後，乃「盡屬以漠南漢地軍國庶事，遂南
駐瓜忽都之地」，〔註8〕既有人才復有封地，則世祖以漢法治理漢地可以試驗矣，
亦乃奠定日後元朝建國之基礎。此即所謂「金蓮川幕府」時期，〔註9〕由於此期

〔註 5〕 關於蒙古帝國擴張時期，帝國重心究屬西進囊括西域，抑或南進征服漢地，
於前四大汗時代，似未能確定，其取向西、向南並進之擴張政策，則明顯易
見。殊不見有以漢地爲政治中心之可能性。另參閱：札奇斯欽，〈西域和中原
文化對蒙古帝國的影響和元朝的建立〉（載台北：大陸雜誌第三〇卷，第十期，
1965），頁 317～322。

〔註 6〕 《元史》，卷四，「世祖本紀一」，頁 1。

〔註 7〕 蘇天爵，《元文類》，頁 547～548。

〔註 8〕 同註 6。

〔註 9〕 按金蓮川，與瓜忽都應同屬一地，並與其後世祖即位於中都（開平）亦必有
關連。但金蓮川之正確位置自始即難以指出。就如當時之記載亦甚爲籠統，
如〔元〕耶律鑄，《雙溪醉隱集》，卷二，葉 7 下～8 上，「金蓮川」條，謹註
「駕還幸所也」。並成一詩曰：「金蓮川上水雲間，營衛清沈探騎閒，鎮西虎
旅臨青海，追北龍驤過黑山」。蕭啓慶，〈忽必烈時代「潛邸舊侶」卷（上）〉

以漢法治漢地之成績優越卓著，亦因其政策多傾向漢法，而摒棄蒙古傳統，已令蒙古本位主義保守派之不滿，姑不論世祖當時雄心若何，然不免引起蒙古大可汗王庭方面之疑心或其他惡意中傷，而此一事件事實上已演至忽必烈汗與蒙哥汗間之直接衝突〔註10〕，且情勢一度甚爲嚴重，〔註11〕其中尤不可忽視之一人——牙剌瓦赤，〔註12〕西域人，爲自太祖以來，歷經四朝之元老，向主張以

（載台北：大陸雜誌二五卷第一期，1962）一文註21中亦曾詳加考證，頁21～22；而有關該幕府形成之經過，其性質及結果，上文所敍甚詳。

〔註10〕關於忽必烈汗治理漢地之治績，并參考：（一）姚從吾，〈忽必烈對於漢化態度的分析〉（載台北：大陸雜誌第十一卷第一期，1955）頁22～32。（二）蕭啓慶，〈忽必烈時代「潛邸舊侶」考（上）（中）（下）〉（載台北：大陸雜誌第二五卷第一、二、三期，1962）頁16～22，57～60，86～91。

〔註11〕衝突最顯著者可見於姚燧撰之中書左丞姚文獻公（樞）神道碑（集于蘇天爵·《元文類》）中所敍最詳：歲丙辰（憲宗六年，1256）公入見。或讒王（世祖）府得中土心。帝（憲宗）遣阿蘭荅兒，大爲句考，置局關中，惟集經略宣撫官吏，下及征商無遺，羅以百四十二條曰：「俟終局日，入此罪者，惟劉（黑馬）、史（天澤）兩萬戶以聞，餘悉不請以誅。」上（世祖）聞不樂。……先遣使以來覬告，時帝（憲宗）在河西聞，不信之，曰：「是心異矣！曰來詐也！」再使至，詔許，馳二百，乘傳棄輜重先，及見天顏始霽。大會之次，上（世祖）立酒尊前，帝（憲宗）酹之。拜退復坐，及再至，又酹之。三至，帝泫然。上亦泣下，竟不令有所白，而上勒罷關西鉤考。（頁876）。

又參考：姚從吾，〈忽必烈汗與蒙哥汗治理漢地之歧見〉（載台北：台大文史哲學報第十六期，1967），頁223～236。札奇斯欽〈西域和中原文化對蒙古帝國的影響和元朝的建立〉一文，論及「用西域法治漢地，還是以漢法治漢地的問題」，曾列四則史料，以見憲宗時代，親中原文化之革新主義者與親西域文化之保守主義者間之政治摩擦。

〔註12〕牙剌瓦赤：《秘史》（李文田注本），《新元史》皆作牙剌洼赤，即《多桑蒙古史》中所稱之馬合木牙剌洼赤，馮譯註中稱牙剌洼赤，突厥語猶言大使，但一般皆以此名之。屠奇，《蒙兀兒史記》（台北：世界書局，1962）卷四六有其傳，頁2下～3上，則稱其爲回紇，種古速魯氏，花剌子模（Khârezm）國舊都兀籠格赤（玉龍傑赤）人。而《元史》不列其傳，有關之事蹟皆散見於本紀或其他列傳中，然所載類多苛責，似爲橫征暴斂之酷吏。而《多桑蒙古史》（頁266）載：「先是諸王遣使持令旨徵求貨財於波斯。使者甚眾，索供應於居民，人民因以疲弊。稅課任意加增，農人每年之所獲，不足供繳納之用。至是阿兒渾以苛徵擾民事上聞，蒙哥命從阿兒渾入朝之波斯各地徵收官吏各條議其弊及除弊方法。次日，集諸徵收官吏面詢之，諸人皆言人民困苦，蓋因賦稅之重，宜用馬合木牙剌洼赤（即牙剌瓦赤）所定河中丁賦之例，計貧富徵之，每年一次，其他諸稅皆免，蒙哥從之。」

由此一記載當可知牙剌瓦赤，在波斯河中府〔Transoxiane 本附西遼，都撒馬爾（Samarkand）於中亞思渾（藥殺水）與紀澤（阿母河）兩河之間〕一帶之治績頗受重視。自太祖時代投降後，歷朝皆見用。太宗窩潤台汗即位，充燕

西域法治理漢地者，並廣獲蒙古本位主義保守份子之支持，於憲宗即位後復膺任燕京等處行尚書省事，為保守派之代表，更是衝突之關鍵性人物；衝突雖經姚樞等居中調和，〔註13〕然蒙古本位主義保守派與忽必烈革新主義一派間之歧見始終未能消除。以上可謂衝突之遠因。

至其即位後之衝突，表面上雖為帝位繼承之爭奪，然上述衝突之遠因，於此時非但未曾排除，而且愈演愈熾。若單由忽必烈之即大汗位於開平與其弟阿里不哥之繼立於和林而觀之，兩者皆不符傳統蒙古汗位繼承法——庫利爾台之規矩，故彼二者之得位皆屬不正。而依當時忽必烈汗之不待召集傳統式之庫利爾台會議，即謀自立，實有其隱約苦衷，馮承鈞譯《多桑蒙古史》之記載可略見倪端：

> 1260 年 1 月，忽必烈營於燕都（北京）城下，以阿里不哥調發人丁銀蓄，遣使責之。阿里不哥報以好言，用安其心，冀誘忽必烈及其黨赴其在阿勒卜山蒙哥之大斡朵中所召集之會葬大會。乃遣脫里赤往延忽必烈及其軍中諸王。諸王答言：「俟將所部軍隊送還駐地後，然後赴會。」脫里赤使人以告其主，而自隨忽必烈赴開平，此地即忽必烈之黨所訂選立新主之所也。泊至，忽必烈弟末哥·窩濶台子合丹，斡赤斤那顏子脫合察兒（Togatchar）及左手諸王統將等，開大會。群以親王旭烈兀既在波斯，朮赤、察合台兩系後王因道遠未能召集，情形嚴重，未能展期，遂一致擁戴忽必烈，依習用禮儀奉之即位。〔註14〕

京行省札魯忽赤（大斷事官），主管漢民公事，且掌中原財賦。貴由汗立，亦任前職。憲宗即位後，復以牙剌瓦赤等人充燕京等處行尚書省事，燕京等處行省所治者乃華北之地區，而其時皇弟忽必烈則領治漢南之地。牙剌瓦赤之政策無非以西域法治漢地，如此治道所生之弊端百出，當為時人所垢病，故《元史》本紀或列傳只見此一面，必多苛責。至若其西域法治理漢地之不行與漢法治理漢地之普遍施行，本無可非是，然以其間統領範圍之相接或重疊與人為因素，乃使衝突產生。

〔註13〕此次衝突之調解平息，有賴姚樞之策劃及當時國師那摩於憲宗、世祖兩方面之居中開導，且見兩則記載：

（一）《元史》，卷一五八，「姚樞傳」載：樞曰：「帝君也；兄也。大王為皇弟，臣也。事難與較，遠將受禍，莫若盡王邸妃主自歸朝廷，為久居謀，疑將自釋。」（頁 3）

（二）《元史》，卷一三五，「鐵哥傳」載：「先是世祖事憲宗甚親愛，後以讒稍疏，國師（即鐵哥叔父，那摩也）導世祖宜加敬慎，遂友愛如初，至是帝將用鐵哥，曰：『吾以酬國師也！』」（頁 13）

〔註14〕多桑（D'ohsson）原著，馮承鈞譯，《多桑蒙古史》，第三卷，第一章忽必烈

上文中稱「情形嚴重，未能展期」，固因諸王道遠不能如期召集大會，若以此理由而匆促開會推選大汗，則顯見不合蒙古之傳統。因此，由阿里不哥之遣脫里赤至忽必烈軍前斡旋一事，乃是關鍵所在。又，《多桑蒙古史》載：

> 諸宗王統將等以推戴忽必烈事，遣使者百人往告阿里不哥；脫里赤
>
> 聞變遁走，被執，逼訊之，遂盡吐蒙哥死後其主之策謀。〔註15〕

脫里赤既洩漏阿藍荅兒謀立阿里不哥，遣人括民兵事，因知彼等策謀自立早已進行；適值忽必烈正大力攻伐南宋，本不欲接受宋丞相賈似道之請和，因乃召諸將幕僚議事，遂與南宋議和，班師返還蒙古，及至上都（開平），聞阿里不哥於今多倫諾爾附近所召集之大會，已將就緒。〔註16〕如赴會，亦無助益。因此，忽必烈汗軍中幕僚及其擁護者乃不待赴全國庫利爾台大會而預先勸其即位，實乃時勢使然也，如此則亦見忽必烈汗一黨自始即謀奪取蒙古大汗之寶座，依蒙古習慣衡量之，顯見其不無私心。蓋雖以序以賢而論，世祖當立為大汗，然猶應遵循蒙古傳統之選汗程序，受推戴而踐祚。

再由阿里不哥方面觀之，其屬意大汗位亦不無道理，多桑史之記載可見其蓄意奪取大汗位之居心，且依情勢而言，阿里不哥似佔地利，因諸王皆受封領地經營在外，獨阿里不哥控有當時蒙古帝國之政治重心。因此阿里不哥於忽必烈汗即位後，亦積極行動，《多桑蒙古史》載：

> 命阿藍荅兒發兵於漠北諸部，分遣心腹，易置將佐，散金帛，賚士
>
> 卒。又命劉太平、霍魯懷拘收關中錢穀。時渾都海自先朝將兵屯六
>
> 盤、太平等陰相結納。渾都海復分遣人約成都密里霍者，青居乞台
>
> 不花，同舉事。阿里不哥遂自立於哈喇和林。其黨擁戴最力者，為
>
> 蒙哥之正后忽都台、蒙哥子阿速台、玉龍荅失（Youroung-tasch）、
>
> 昔里吉（Schireki）及察合台孫數人。〔註17〕

阿里不哥自立於和林後，忽必烈汗乃以蒙古帝國大汗之尊宣佈其僭位造反，雙方先則互遣使者往返磋商議和，殊不得要領，忽必烈乃興兵攻之，阿里不哥亦率軍南進，不敵，阿里不哥終於屈服。然由雙方對峙之陣容觀之，阿里

時代，頁 302～303。

〔註15〕 同前註，頁 303。

〔註16〕 參引：札奇斯欽，《蒙古之今昔》（台北：中華文化出版事業委員會，1955），頁 144。

〔註17〕 同註15。

不哥一派實較居優勢，〔註18〕惜其武力不敵忽必烈。蓋阿里不哥雖受眾多蒙古守舊派諸親王之擁護，忽必烈則以其握有帝國主要武力而致勝。

宋理宗寶祐五年（1257），蒙哥汗出師南侵，命少弟阿里不哥居守哈喇和林，並以阿藍苔兒輔之。及宋理宗開慶元年（1259），蒙哥汗屢攻南宋合州不克，旋蒙哥汗崩，依蒙古習慣，其末弟阿里不哥召集庫利爾台大會以接待諸王重臣赴會，本屬當然。然阿里不哥之謀臣阿藍苔兒等畏懼忽必烈汗之既賢且頗負眾望，乃先遣脫里赤至忽必烈汗軍中藉故以拖延其赴會，曲之在阿里不哥一方；爾後忽必烈汗雖因時勢所迫，而接受諸王及幕僚等之勸進即位，則忽必烈亦有所曲；忽必烈既已違反蒙古汗位承繼法，依例應受到嚴厲制裁，〔註19〕則和林方面召開之庫利爾台大會推立阿里不哥不可謂不正，因此北方諸宗王，不予承認忽必烈汗在先，繼而擁立阿里不哥為領袖，從事武力反抗，實是於法有據。雖阿里不哥終不敵忽必烈汗，而投降請罪。但其後自世祖至元以來，甚而延至成宗大德年間北方諸王以海都為首之亂（包括其間乃顏、篤哇等之亂），〔註20〕皆足以顯示北方諸王長期不妥協之具體行動。

汗位之爭執固乃衝突之原因，然其妥協並非不可能，惟忽必烈汗潛邸時期乃至即大汗位以後，其施政經常罔顧蒙古習慣而傾向漢地成法，纔是衝突之源，即位前之衝突已如前述，即位後有關之衝突可徵之於史者，且舉二則以述之：

其一，代表一般蒙古守舊派意見者，以《元史》「高智耀傳」所述西北藩王對忽必烈之指責最為具體：

　　至元五年立御史臺，用其議也，擢西夏中興等路提刑按察使。會西

　　北藩王遣使入朝，謂：「本朝舊俗與漢法異，今留漢地，建都邑城郭，

〔註18〕擁立阿里不哥者，其陣容中有：蒙哥之正后忽都台，蒙哥之子阿速台、玉龍苔失、昔里吉、察合台後王（察合台之孫），另有阿藍苔兒、孛魯歡、渾海都、脫火思、脫里赤等。較之忽必烈一方：親王合丹（窩闊台子）、末哥（忽必烈弟）、阿只吉、塔察兒、也先哥、阿必失合，（以上二人皆察合台之孫，不里之子）、忽剌忽兒、瓜都等。兩者相較，阿里不哥一方，似乎擁有較多蒙古親王之支持。以上并參洪鈞，《元史譯文證補》（日本東京：中文出版社，1969），卷十四「阿里不哥補傳」，頁219。

〔註19〕Mahapandida Rahula Sankrityayana, *History of Central Asia*（Calcutta, New Delhi：New Age Publishers Private LTD., 1964），"The Yassa"，p.261；「雅薩法典」，第三條謂：「假使沒有經由諸王公、貴族或其他蒙古首長們之選舉，而逕自宣布立為可汗者，將（應）被處以死刑。」

〔註20〕參考：洪鈞，《元史譯文證補》，卷十五「海都補傳」，頁 225～235。

儀文制度，遵用漢法，其故何如？」帝求報聘之使以析其問。智耀
入見，請行。帝問所答，劃一敷對，稱旨，即日遣就道。至上京（和
林）病卒。〔註21〕

其二，屠寄《蒙兀兒史記》中對此一衝突之評論：

蓋蒙格（哥）汗以前四朝，皆建牙和林，氈廬湩酪，一仍游牧古風。
自忽必烈汗定都燕地，濡染華俗，蒙兀（蒙古）老成人，多不善之。
〔註22〕

既然忽必烈之繼承蒙古大汗一事始終未能爲西北諸部宗王所信服，則忽
必烈大汗表面上雖擁有蒙古世界大帝國共主之美名，然西方諸部至是實皆各
自獨立，自汗其國，而與大都中央政府幾至完全脫離關係。

忽必烈汗即位後，由於汗庭多儒臣，則其建立中國式之王朝意已決。其
遷都中國境內，〔註23〕乃志在久居，因而漸改舊俗，大量起用漢人推行漢法，
汗庭之政治組織幾乎模仿中國制度而訂，朝儀禮文，百官及內部行政等無不
由之；征服南宋統一中國之願望亦積極推展。中統元年五月十九日所下建元
中統之詔書；〔註24〕至元三年十月議奉「祖宗世數尊謚廟號，增祀四世，各
廟神主配享功臣法服祭器等事」，〔註25〕至元八年十一月下詔建國號曰元，至

〔註21〕《元史》，卷一二五「高智耀傳」，頁10～13。
〔註22〕屠寄，《蒙兀兒史記》，卷八十一，頁1下～2上。
〔註23〕忽必烈汗前四大汗，其即位之地點及整個蒙古帝國之政治中心，概不出斡難
　　　　（Onon）與怯綠連（Kerulen）兩河源一帶，亦即喀喇和林（Karakorum）附
　　　　近。按（一）成吉思汗，西元一二〇六年，建九斿白旗，即皇帝位於斡難河之
　　　　源。（二）窩潤台汗，一二二九年，諸王百官會於怯綠連河曲雕阿蘭之地（《元
　　　　秘史》作客魯連河濶迭兀阿剌勒地行，據台北：台灣商務印書館，陳彬龢《選
　　　　註元朝秘史》，1970，頁175），以太祖遺詔，而即皇帝位于庫鐵烏阿剌里。（三）
　　　　貴由汗，一二四六年，張柔入覲於和林，秩七月，即皇帝位于汪吉宿滅禿里
　　　　之地。（四）蒙哥汗，一二五一年，大會於濶帖兀阿蘭之地，即位於斡難河。
　　　　甚至僭立之阿里不哥亦即位於和林西按坦河。忽必烈汗初即位於上都開平，
　　　　已而遷都於大都（北京），可見蒙古政治中心自此始南移至漢地。而日後劃分
　　　　行政區域時，稱被征服之漢地核心區域爲腹裏，蒙古本土反變成一偏遠之行
　　　　省——嶺北行中書省。
〔註24〕參見本章註2。
〔註25〕《元史》，卷六「世祖本紀三」頁6。又卷一「太祖本紀一」，頁3言：至元三
　　　　年追謚成吉思汗父親也速該爲烈祖神元皇帝。皆可見追謚之事，始於至元三
　　　　年。而《多桑蒙古史》所載（頁312～313），與元史略有出入，茲引以爲參考：
　　　　忽必烈仿漢制，於1263年（中統四年）建太廟於燕京，以祀成吉思汗父也速
　　　　該，及其四子窩潤台、尤赤、察合台、拖雷，並其二孫貴由、蒙哥，共爲八

元十年立長子眞金爲皇太子，及至元十六年平宋後正式接受慶賀，凡以上諸事，皆爲蒙古舊俗所無，卻爲中國王朝所習見，因此，忽必烈即位建國，實乃中國式王朝雛形塑造之始。此亦即吾人探討元朝建國意義之所在。

二、元朝建國之基礎

在封建時代，皇帝與諸侯所統治之區域，即屬于該一政權或帝國特有之統治範圍，殊無近代國家之觀念可言。所謂近代國家者，乃需具備四條件：（1）特定之人民；（2）固定之土地；（3）組成政府而行使主權；（4）對外主權獨立。〔註26〕吾人試圖採取現代國家四要素中之土地、人民及主權行使三項，以說明元朝建國之基礎，而其中人民一項特重所謂「國家意識」〔註27〕而解說之。

其一，土地。蒙古帝國自太祖以來四大汗之經營，於忽必烈汗未即位前，蒙古帝國疆域除西北各部外，盡奄有中亞乃至東歐一帶，後復經忽必烈與旭烈兀南征西討，大加擴張之結果，疆域之遼濶爲前代所未有。因此元朝建立初期，其疆域形式，北逾漠北，而及於西伯利亞之地；西至今俄屬中亞及南俄草原一帶，並統御伊兒汗等四汗國；南盡於海；西南則吐蕃、安南盡屬之；東達於遼東並及高麗。若嚴格以分之，則元代疆域當以滿洲、內外蒙古、中國本部（包括雲南、四川）、吐蕃及按臺山（今天山）南北麓爲主，此亦即日後明、清乃至民國時代版圖之規模。

其二，人民。人民略分爲統治階層與被統治階層，以客觀情勢而言，當時

〔註26〕 參考：華力進，對「國家」一詞之解說，載台北：台灣商務印書館，雲五社會科學大辭典，第三冊政治學，「國家」條，頁273。

〔註27〕 所謂「國家意識（national ideology）」乃是指人民對其國家（或政府），在情感上竭誠擁護，並表現團結一致之向心力量，相同於「國家觀念（national setiment）」或「愛國心（patriotism）」。但與「民族意識」則有差別。所謂民族意識乃因第一次世界大戰後民族自決運動，倡以一民族建立一國家而產生者。在之前帝國或國家之建立並無強烈之民族意識。今吾人所指之國家意識乃求儘力拋棄民族之因素，並在意識型態上超越民族主義（nationalism）之範疇，不分民族，只要在心理上且備有國民之意識，視自己所屬之國家爲永久之家鄉，而處處表現對國家之擁護與忠心。用政治學上常用之「認同」來解釋更爲明瞭，故國家意識即人民對其所屬國家認同之最高表現。因此，國家欲強盛，必賴國民對國家認同感之加強。有關「國家認同」之解釋，參閱：江炳倫，《政治學發展的理論》，頁156～157。

室。以上漢語廟號，每室各以其正后附焉。

1266年（至元三年）太廟成，帝命僧薦佛事七晝夜，歲以爲常。

屬於統治階層者，除大多數蒙古人及早先降於蒙古之色目人外，當亦涵蓋遼、金甚至南宋舊朝儒臣、降將等統治階層而言。其餘則稱爲被統治階層。據《元史》食貨志稱：終世祖之世，「天下爲戶凡一千一百六十三萬三千二百八十一，爲口凡五千三百六十五萬四千三百三十七」；〔註28〕《新元史》食貨志「戶口」條稱：至元二十八年，天下戶口內地一百九十九萬九千四百四十四，江淮、四川一千一百四十三萬八百七十八，合一千三百四十三萬三百二十二戶。計人口數爲五千九百八十四萬八千九百六十四。〔註29〕另梁啓超〈於中國史上人口統計〉一文，「中國歷代戶口比較表」中稱：元初戶一千一百八十四萬八百，口五千八百八十三萬三千七百十一，略以十戶五十口計。〔註30〕以上所列三則統計數字之時間，概以至元時代爲標準，知其人口數目相差不大。或謂此一數目，礙於當時戶政之偏狹弊病，並非完全正確，然亦值得參考。至若日本東亞研究所編《異民族の支那統治史》所統計至元時代各民族之人口數：蒙古、色目人，共四十萬，佔總人口三％；漢人，二百萬，佔一五％；南人，一千一百萬，佔八二％；總計人口數爲一千三百四十萬之譜，〔註31〕僅及上述統計人口之五分之一強，亦約略於上述《新元史》統計之戶數，若以漢人比於內地，南人比於

〔註28〕 《元史》，卷九三「食貨志一」，頁6。

〔註29〕 《新元史》，卷六八「食貨志一：人口」，頁5。

〔註30〕 參閱：梁啓超，《飲冰室文集》之十「中國史上人口統計」，第四冊，頁35～45。梁任公據三通考撮錄（文獻通考、皇朝通考、續文獻通考）之戶口，製成「中國歷代人口比較表」，頁37。併《元史》與《新元史》上之人口記載，整理成下表以示分明：

年　代	戶　數	口　數	資　料　來　源
終世祖之世	11,633,281	53,654,337	《元史》卷九三「食貨志一」
至元二十八年	13,430,322	59,848,964	《新元史》卷六八「食貨志一，人口」
元初	11,840,800	85,834,711	梁啓超著「中國史上人口統計」

〔註31〕 參引，蕭啓慶，《西域人與元初政治》（台北：台灣大學文學院，1966），頁117～118，〔註8〕，據日本東亞研究所所編《異民族の支那統治史》（東京，1944），頁172。其中蒙古人、色目人及漢人之統計數目皆根據至元七年（1270）調查，南人則根據至元十七年（1280）調查。

另據《蒙古源流》謂：元末轉戰於各處之蒙古人等（可能尚包括西域人）有四十萬人之多。見卷五，頁3上載：「方大亂時，各處轉戰蒙古人等四十萬內，惟脫出六萬，其三十四萬俱陷於敵，於是先後脫出之六萬人聚集於克呼倫河邊界，起造巴爾斯和（瀾）城居住。」

按巴爾斯和城即虎城。蒙古語「BARS」ᠪᠠᠷᠰ，即虎之意。

江淮、四川，則其人口數與戶數亦相吻合。然縱令其統計時間爲至元初年，當不致有如此鉅大差額。而此一人口統計數字中，蒙古、色目之人口總數爲四十萬尙稱合理，另外漢人與南人之數目字則恐指戶爲口之誤。惟其三者間之人口比例，值得特別注意。蓋於探討所謂國家意識問題時，吾人以爲國家中之成員，乃是其建國之根本要素，無人民安得而有國家，人民對政府之向心力即國家意識之表現；反之，則爲離心力，乃危害國家或社會之動力。元朝建國，其成員複雜，則國家意識面臨重大考驗。若在一文治國度中，複雜之成員可因涵化而使「異」趨於「同」，並無損於各成員之國家意識，則國家政權統一足以確保；元朝以一邊疆民族入主中國，概以「馬上得天下」，武功之盛，前所未有。但不能以「馬上治天下」，故自始即面臨統治之難題，亦爲對元祚久暫有直接之關係。元朝建國，統治權無疑乃操之於蒙古人與色目人手中，其他漢人、南人可謂僅止於陪襯地位，即如世祖中統初年大量進用漢儒之時，漢儒所佔比重亦甚微小，迨李璮事變之後，漢人之地位又漸被剝奪，終元之世無以翻身。而被統治一方，則佔大多數，百姓如流水，「能載舟，亦能覆舟」，世祖於潛邸以至於中統年間之以漢法治理漢地，其政策實有可取之處。百姓初則屈服於蒙古統治者之武功，復以其文化風俗之迥異漢地，故對其政治措施乃不免難於接受而抱觀望態度。然卻因李璮事變而使「漢人政治」地位之提高成爲過去，雖中經如世祖末年「江南訪賢」與仁宗時代所謂之「延祐儒治」，[註32] 漢人稍有抬頭，惟已無補於雙方之調和，亦難以挽救元政權之命運。由於「漢人政治」之失勢。因而使大部分之被統治者陷於失望迷惘與痛苦中，此乃元朝建國所面臨人口成份複雜之一大隱憂。要之，人民未能心服統治，必易滋生離心，既生離心，則政權之存續即難以維持！

其三，主權行使。要言之，乃是一政府所制定之政令，能順利施行於一特定人口與土地之內。政令所由出之政府組織健全與否，必然也能影響主權行使之效率，欲言元朝主權之行使，務需對元代政府組織有所瞭解，而元代政府組織概成於世祖時代，雖皆出於漢儒，然其中尙夾雜若干蒙古草原游牧社會之政治組織型態，堪稱爲元代政府組織之特色。政府組織可分爲中央與地方，然若針對組織之本身而探討，實至爲繁蕪，特引二表（表二、三）[註33] 以示分明。

〔註32〕 關於「江南訪賢與廷祐儒治」，孫克寬先生有專文討論，載台中：東海學報八
　　　　卷一期，頁 1～9，1967。
〔註33〕 表二參引，楊樹藩，《元代中央政治制度》（台北：台灣商務印書館，1978）

表二 元代中央政制系統表

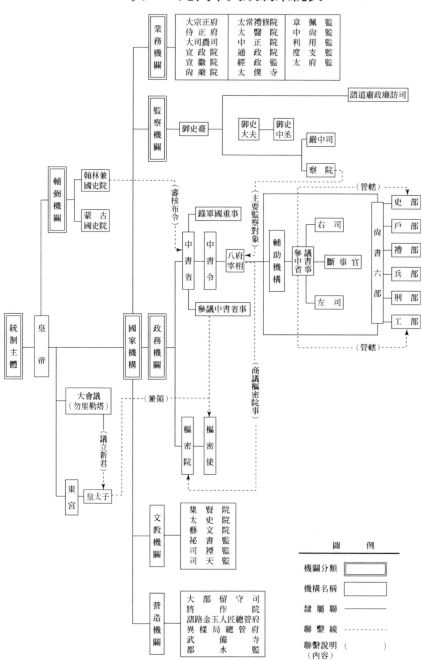

資料來源：據楊樹藩著《元代中央政治制度》一書附表

之附表。表三，據《元史》「百官志」、「食貨志」、「地理志」、《元典章》、《元文類》「經世大典序錄」，並參閱楊培桂，《元代地方政府》而製成。

表三 元代地方政制系統表

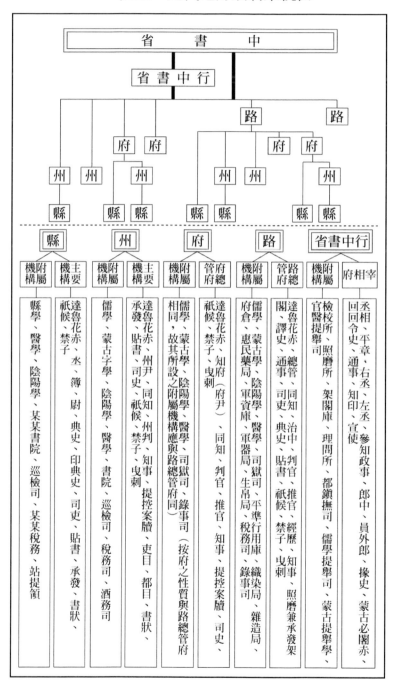

資料來源:《元史》「百官志」、「食貨志」、「地理志」、《元典章》、
《元文類》「經世大典序錄」

再配合人事以言元代主權行使之情形，考元代中央組織方面之行政官，至爲繁蕪龐雜，論其重心實爲中書省、樞密院及御史台等機構之各官員，中書省包括八府宰相，即右丞相、左丞相、平章政事、右丞、左丞、參知政事、商議中書省事與錄軍國重事，〔註34〕另外尚有其他輔助機構，如參議中書省事、左右司郎、員外郎及斷書官（蒙古名「札魯忽赤」）〔註35〕等，尤應注意者爲斷事官一職，蒙古建國之初該職甚爲重要，其職權多偏司法方面，迨蒙古入主中國建立元朝並訂定典制後，各機構皆設斷事官，中書省亦不例外，其職責則偏於官吏紀律之督導維持，一如今日督察員一類性質。關於元代中書省八府宰相及其他輔導助機構之權責範圍，詳見於《元史》百官志中，茲不贅述。又御史台則有御史大夫、御史中丞；樞密院有樞密使以總其事。而地方組織方面之行政長官，主要有達魯花赤、〔註36〕總管、同知等。

〔註34〕《新元史》，卷三十一，宰相年表中載：左、右丞相，平章政事，左、右丞，參知政事，均稱爲宰相，則見中書有六府宰相，另，參考楊樹藩，《元代中央政治制度》，第二章政務機關，第四款，頁95～101，則稱商議中書省事與錄軍國重事，二者以其職責所繫，亦有宰相身分，故有八府宰相之謂。

〔註35〕「札魯忽赤」爲蒙古語「ZARGUCHI」之對音，按蒙古文語正統音則爲「JARGUCHI」 ，據《蒙英字典》，頁1037，「ZARGU」 ，名詞形，爲裁判、訴訟之意。「ZARGUCHI」 ，裁判者、斷事人。
據《元史》，卷八七「百官志三」，頁1載：「國初未有官制，首置斷事官，曰「札魯忽赤」，會決庶務，凡諸王、駙馬、投下、蒙古、色目人等，應犯一切公事：及漢人姦盜詐僞、蠱毒厭魅、誘掠逃驅、輕重罪囚；邊遠出征官吏，每歲從駕分司上都存留住冬諸事，悉掌之。」
又《廿二劄記》，卷二九「蒙古官名」條，頁429載：「札魯忽赤：本紀，太祖開創之初，置此官，位在百司三公之上，猶漢之大將軍也，亦名斷事官，得專生殺，故最尊。」因知「札魯忽赤」，乃斷事之官，猶今之法官也。

〔註36〕「達魯花赤」爲蒙古語「DARUGCHI」之對音，據《蒙英字典》頁233～234，「DARU-」爲語根，兼具命令形，其動詞形「DARUHU」 ，爲「鎮壓、征服、蓋印」之意。「DARUGCHI」 爲「鎮壓者、制裁者、征服者或蓋印者」之意。
四部叢刊本，《元朝秘史》音譯成「答魯合臣」，意譯作「鎮守官名」，而「答魯合臣」實「達魯花赤」也。查《元史語彙集成》（日本京都大學文學編，1961）得知元史中提到「達魯花赤」之處甚多，然皆未作明確解釋。而第一次見於《元史》卷一「太祖本紀」頁21載：「（太祖）十八年，……遂定西域諸城，置達魯花赤監治之。」
據葉子奇，《草木子》，卷三「雜制篇」，頁28載：「元路州縣各立長官，曰「達魯花赤」，掌印信以總一府一縣之治。判署則用正官，在府則總管，在縣則縣尹。達魯花赤猶華言「荷包上壓口榛子也」，亦由古言「總轄」之比。」
又據趙翼《廿二史箚記》，卷二九「蒙古官名」條載：「「達魯花赤」：掌印辦

政治制度之實施最關重要者爲人事，元代人事特色，乃少數人統治多數人，故中央用人方面固非蒙古、色目人莫屬，漢人、南人膺任者極少；而地方臨民之官，尤其明顯。《元史》百官志序載：

> 其長則蒙古人爲之，而漢人、南人貳焉。〔註37〕

偶有破例亦多制法以禁止之，此類之記載不絕於書。吾人再由各省、路、府、州、縣以觀用人情形，亦可發現：地方單位首長盡是蒙古人與色目人，其次級而品位較高之官員，亦以蒙古、色目人居多。至品秩較低者，始開放予漢人及南人。

凡主權要有制度爲基礎，而以人事推動之。元朝立國之制度堪稱健全，〔註38〕然人事則極不合理，蓋以少數思想文化皆迥異於漢地之蒙古人、色目人而統領偌大土地上之農業居民，終究不能順利進行，似可確知。因此若由元代主權行使或政策施行之效率觀之，則元代政府機構之功能幾已全部喪失。

三、元朝建國之隱憂

由上述土地、人口及主權行使之背景以綜述元代建國之基礎，吾人可獲得相當瞭解：元代建國之規模至爲宏偉，其土地爲歷代所不及，其人口則不少於

事之長官，不論職之文武大小，或路或府或州縣皆設此官。」

綜上可知，「達魯花赤」，應指蒙古可汗欽派常駐某一地區或機關之欽差大員。而關於「達魯花赤」之沿革與變遷可參閱：（一）姚從吾，〈舊元史中達魯花赤的本義爲「宣差」說〉（載台大文史哲學報，十二期）；（二）札奇斯欽，〈說舊元史中的達魯花赤〉（載台大文史哲學報，十三期）。

〔註37〕《元史》，卷八十五「百官志一」，頁1。

〔註38〕元代官制均出於諸漢儒之手，乃擷取歷代官制之優點，維持並改進中國歷代官制之傳統，内外設官，均其輕重，而中書省則集唐代三省制之職權於一身，即兼有人事財政及參與軍事之權，故其運作必較靈活。另外有樞密院、御史台、行中書省之設立，均堪稱完備，故史書亦多褒揚之詞。如（一）《元史》百官志載：「世祖即位，登用老成，大新制作，……遂命劉秉忠、許衡，酌古今之宜，定内外之官。」（二）《新元史》百官志序言亦載：「世祖命劉秉忠、許衡定官制，以中書管政事，樞密院管兵，御史台司糾劾。又設行省、行台，使内外均其輕重，以相維繫，立法之善，殆爲唐、宋所不及。」（三）《續文獻通考》（台北：新興書局，1963），卷五十一，「職官考一」，頁3249上，載：「討論古今，參酌時變……一代鴻模，粲然大備。」要之，觀元代官制，其制度並非爲不善。其所以毀者，實因人謀不臧，人事運用不當所致。

前代，〔註39〕其制度亦可稱完備。但其政治基礎殊多隱憂，其隱憂之大者有二：其一，統治階層之內部問題，即蒙古舊制度之回響永遠縈繞於蒙古統治階層之四周；所謂回響者，乃指潛藏於內在而深不可拔之文化本質。「漢地者必以漢法始可治」乃不變之鐵則，蒙古統治階層或深明此一道理，卻因現實與事實分途發展，而於心理上產生矛盾，因此其表現於行政上者常格格不入。此一問題之產生本源於前述蒙古守舊派保守主義，與元朝開國皇帝忽必烈汗間之歧見始終存在；而忽必烈汗以後之繼承者亦然。試觀元政權顛覆後，惠宗歸於漠北，回復成吉思汗以前狀態，從事其草原游牧生活，即足以證明此種隱憂之嚴重性。其二，屬於外在之統治問題。世祖初以漢人實行漢法以治漢地，繼則以色目人總攬政治之要津，而壓迫廣大之漢人、南人，如此而造成統治者與被統治者間之尖銳衝突，上下既未能融為一體，則政局必生隱憂。

有上述二則因素，元祚之不久，乃為必然趨勢！

第二節　元朝文化之發展

探究一朝代之文化發展，至少應注意其語言、文字、法學、藝術、建築、宗教、教育、哲學等，雖內容複雜，亦不能不稍作嘗試。元朝，初崛起於蒙古之一部族而併吞四鄰，遂南下倒金滅宋。自太祖一二○六年稱汗於斡難河上源，至世祖一二七九年滅宋前七十餘年間，蒙古征服者，均為游牧狩獵而兼掠奪，無一定生業，惟手慣劍槊之器，耳習殺伐之音，疲於征戰，既無文字，則其文化實僅限於日常生活與游牧有關等方面；而論其部落組織型態與法律等皆極為簡單，且源於部落之習慣者居多。迨其帝國向外擴張之際，最先接觸者有漢文化與西域文化，則此後蒙古文化之發展無不受此二者之影響，表現於政治方面者尤其明顯。元朝建國過程中自當與此二文化關係極為密切。本節試由漢文化及西域文化在元朝建國初年所扮演之角色，以瞭解元代文化之發展。

〔註39〕人民如流水，可載舟亦可覆舟。國家疆域內之人民總數，即謂人口；人口為國家力量重要因素之一，因此人口亦影響及政治。關於人民或人口影響政治者，參考：蔣師君章，《政治地理學原理》（台北：自刊本，1976），第二章人民對政治的影響，頁43～115。
又關于元代人口數與歷代人口數之比較，參考：（一）本文第三章註釋21，所列漢、唐、宋、元四代戶口比較表。（二）梁啟超，中國歷代戶口比較表。

一、元代漢文化與西域文化互相推移與消長

　　蒙古帝國興起之初既無文風法制，則其草原封建式之部落組織似乎已不能統治廣大之帝國疆域。其最先接觸之外來文化，應是西域文化；西域文化者，實即色目人之文化。元時凡非蒙古及廣義之漢人，皆列爲色目人，而色目人當亦包括畏兀兒、汪古、哈喇魯、康里、欽察、回回、唐兀及土蕃等西域諸民族。若從語言學觀之，十三、四世紀時，大多數之西域人皆同屬於烏拉·阿爾泰語族（Ural Altaic Family），〔註40〕且中亞一帶之西域人以操突厥語者居多，蒙古語與突厥語共同語彙極多，其語法結構亦甚爲相近，則其間因接觸而相互瞭解之成分必大。而西域人中，最先與蒙古接觸而活躍於元政壇者爲突厥種之畏兀兒人與河中一帶突厥化之伊蘭人。畏兀兒人，即唐時之回紇或回鶻，本亦爲漠北之游牧民族，西遷入天山南麓後，乃漸拋棄其游牧生活型態並吸收西域城居民之文明，而發展爲合成式之文明。〔註41〕因此畏兀兒人亦由伊蘭人處習得經商之本能，初則因於商業方面之關係，次則在蒙古帝國之政治舞台佔有相當地位。經成吉思、窩潤台、貴由及蒙哥四大汗時代，迄忽必烈之建立元朝甚至終元之世，西域人之勢力有增無減，〔註42〕且始終居於重要地位，中間漢人雖有二度抬頭，但皆爲時不長：其一爲窩潤台汗時代，仰慕漢文化之遼裔耶律楚材受寵見用，然自始則與西域人鬥爭，終

〔註40〕「烏拉·阿爾泰」語族，在語言結構上而言，乃屬習見之世界三大語言類型之一「膠著語（Agglutinative）」。〔另二類型其一爲孤立語（Isolating），漢藏語族屬之：其二爲屈折語（Inflectional），印歐語族屬之。〕是多音節而單音調，其語詞由語根（root）表現其主要意義，而以接尾詞或附添詞（suffix）表示其語法上之關係：其文法上之排列是按主語（subject）、受語（Object）、述語（predicate）之順序。蒙古語、滿洲語、維吾爾語、土耳其語、日語、韓語皆屬之。

蒙古口語與文字，因年代長久之關係，常有不一致之處；而且口語由上古（初期）、中古（中期）至近代（近期）隨時代而變化，復有北方音與正統音等之不同。以上參閱：（一）哈勘師，《蒙文入門》（台北：文史哲出版社，1968）。（二）札奇斯欽，〈蒙古的語言和文字〉見邊疆文化論集（二），頁249。

〔註41〕關於回鶻西遷後與城居民接觸，而發展成「合成式」之文明，首見於日本學者羽田亨著之《西域文明史概論》，第十章，「回鶻時代の西域文明」。而合成式之回鶻文明，在元朝文化發展過程中，扮演極重要之角色。

〔註42〕關於元代西域人於元廷之活動，參考（一）蕭啓慶，《西域人與元初政治》，二、三、四各章。（二）李符桐，〈畏兀兒人對於元朝建國之貢獻〉一文（原載台北：師大學報十五期，1964；集於台北：中華學術院，《史學論集》第三冊，頁328～398，1977）。（三）袁冀，《元史研究論集》（台北：台灣商務印書館，1974），〈元代之畏吾兒〉，頁189～202。

不敵西域人廣大之勢力，耶律公或因此鬱悶而卒。其二為蒙哥汗時代，世祖潛邸，局部之「漢人政治」派形成，並延至中統初年，漢人勢力普遍抬頭。中統三年，李璮事變、王文統伏誅後則元廷之政治、經濟權力皆轉入西域人之手；漢人於世祖潛邸時代至中統年間苦心經營而來之優勢，從此一蹶不振。後來有仁宗時代所謂之「廷祐儒治」（1312～1320），規模治績雖不減世祖中統及至元初年，然其時政府機構積弊已深，殊難返正，且人亡政廢，終元之世，盡是西域人天下。

　　西域人除於政治、經濟、宗教方面扮演之重要角色外，其中擔任教師而影響蒙古大可汗者，實為當時漢人無可與之競爭之原因。自成吉思汗起即用哈喇亦哈赤北魯、塔塔統阿、岳璘帖木爾教導諸皇子或王子，〔註43〕成宗以後諸帝復有阿失帖木兒、阿鄰帖木兒、沙剌班〔註44〕等人出任皇子師保，因此忽必烈以後諸帝中武宗、英宗、明宗及順帝皆很明顯深受畏兀兒教育影響。諸帝自幼既濡染西域文化，則其政治作風亦必趨於西域化。

　　元朝建國表面上雖為中國式之王朝，然實質上並不是基於漢文化之中國式政治，蓋元廷於世祖至元初年後即大量進用西域人，而以西域人操作中國式之機關於廣大漢人地區，其間困難可知。吾人必欲深入探討為何西域文化易為蒙古人所接受。除因上述蒙古大汗接受畏兀兒文化教育外，其普遍存在於日常生活間之思想習慣當不可忽略。畏兀兒文化之特點乃是經過合成而發展之文明，其基礎尚可尋者乃是城居行商與原來草原游牧等兩種型態。蒙古係純粹草原游牧之文化型態；漢地則屬純粹農業定居民之文化型態。由此觀之，則蒙古接受西域文化易，接受漢地文化難。此一文化基礎上之迥異，纔是漢人失勢之主因，並非漢文化不敵西域文化。而元朝國祚不長，實可歸因於此。試觀其後另一邊疆民族滿洲人之建立清朝（1644～1912），因其未入關前之文化基礎乃是游牧、漁獵與農業並兼之型態，與漢人農業文化有融合之可能性，〔註45〕故能享國二百六十八年。此外，西人衛特福格爾（K. A.

〔註43〕皆見於《元史》，卷一二四，本傳，頁4～8。另見，《蒙兀兒史記》，卷四十五。

〔註44〕阿鄰帖木兒，為哈剌亦哈赤北魯之子，亦見《元史》，卷一二四，本傳，《蒙兀兒史記》，卷四十五，頁2下。阿失帖木兒為孟思速之子，見《元史》，卷一二四，蒙兀兒史記，卷四十五，頁12上。沙剌班，為阿鄰帖木兒之子，見《蒙兀兒史記》，卷四十五，頁2下～3上。

〔註45〕參閱：管東貴，〈滿族入關前文化發展對他們後來漢化的影響〉（載台北：中央研究院歷史語言研究所集刊第四十本，1968），頁277～279。

Wittfogel）及馮家昇在其合著《中國遼代社會史》一書中，即以邊疆民族之契丹與蒙古，女眞與滿洲各分爲一組，比較其統治（局部或全部）中國之結局，而認爲前者（契丹與蒙古）之所以不同於後者，乃是因於行游牧生活之契丹與蒙古，其生活方式基本上與中國漢人之農業文化迴異，基於此截然兩樣之文化型態而產生文化融合上之「抗阻作用」。〔註 46〕至若女眞與滿洲，則於游牧之外，雜以初步農耕型態，尤以滿洲，未入關前游牧型態已大減，則其對中國文化之抗阻力較小，而易於接受中國文化，終融合於中國文化之中。〔註 47〕由此可知，邊疆民族建立政權於中國農業區之時間長短，繫乎其本身基礎文化型態與接受農業文化之程度。

二、元代文化發展之困難與弱點及其影響

　　探討蒙古興起初期之文化，首先面臨之困難乃是蒙古本身史料缺乏，蓋游牧民族天生與自然環境搏鬪，重視生活之實體，而忽略歷史發展之動態，早先既無文字，故見之於文字記載者甚少，《蒙古秘史》〔註 48〕或可代表蒙古

〔註 46〕文化抗阻（Cultural Resistance），是一個民族對於某些外來之信仰、思想及行爲等模式之接受與否。參引：《雲五社會科學大辭典》，第十冊，人類學，喬健撰，「文化抗阻」條，頁 31。

〔註 47〕K. A. Wittfogel & Feng Chia-Sheng, Op. Cit., pp.10～16。

〔註 48〕蒙古秘史，史皆作「忙豁侖・紐察・脫察安」，至少在明清之前，多不明其爲何義，〔清〕錢大昕氏刻本甚至刪去該名，尚有許多研究蒙古秘史之學者常費心猜測，但皆不得要領，待札奇斯欽先生譯註蒙文黃金史「ALTAN TOBCHI」〔蒙文〕。該書頁 6，註 2 中始獲明確之解釋。事實上，「忙豁侖・紐察・脫察安」乃是蒙古語「MONGGOL-UN-NIGUCHA-TOBCHIYAN」〔蒙文〕之對音，意爲「蒙古──的──秘密──總綱」即今稱之蒙古秘史。

除譯爲蒙古秘史外，尚有譯成「元朝秘史」或「元秘史」者。而有關該書之作者與撰寫時間，均是不解之謎。

關於歷代蒙古秘史之版本繁雜，可參閱元朝秘史三種（據四部叢書刊本，葉德輝本、十五卷本影印）中，張興唐先生所作之題解，附錄。

《蒙古秘史》是蒙古民族極難得之一著作，其中記載之語法質樸，毫無譯飾，全書從蒙古之先世敍起，中間多記太祖鐵木眞之事，而止於太宗窩濶台，但有關太宗之記載亦極少，故日本學者那珂通世將之改名爲《成吉思汗實錄》，實有其用意。而由蒙古秘史所記事物範圍之廣泛，知其中必隱涵著蒙古民族可貴之生活體驗或哲理思想，因此其價值亦可想見。

張興唐先生將《蒙古秘史》之價值分成史學、文學、語言學與社會制度等四方面來討論。見元朝秘史三種序，頁 18～20。本文從文化角度以探討元朝衰

早期文化發展之代表作。帝國擴張後，其文化發展則漸趨於多元型態，並影響十三、四世紀世界文化之發展，關於此期之資料頗爲豐碩，馬可孛羅遊記乃是膾炙人口之作。〔註49〕因此，若從其對世界文化發展之貢獻觀之，則蒙古文化具有特殊而不可忽略之意義。然元朝既建立於中國境內，則中國學者必欲置之於中國文化發展之一環，致苛責多於褒揚；無可掩飾者，吾人仍不免囿於此一觀念。但本文所討論者，乃其衰亡之因素，故捨文化發展之一般良性效果，而專及於其不良之反應，若困難或弱點等。

（一）元代文化發展之困難

國家之建立，必俟其內部之和諧安定，而後可發展其文化。元朝建國，本應力求新局面之文化發展。如爲因應現實需要，得適時改變其舊有之部落觀念，融入農業社會之中，並變更其原有之民族觀念和國家觀念，成爲一新興之民族國家觀念（如捐棄種族歧視）等，藉以彌補其以少數統治多數之缺陷，並鞏固其建國基礎。何其不幸，元朝建國之初即有前述隱憂二，文化取向自始亦處於兩難（漢文化與西域文化）困境。因此，吾人將元代文化發展之困難，歸於蒙古本身文化基礎不穩固——既未能獨立發展，復以其文化取向始終搖擺不定；縱使在現實環境迫切需求（漢地宜以漢法始能治之）之壓力下，政治上卻捨漢人而用西域人，此乃造成元代新文化無法開展之主因。

（二）元代文化發展之弱點

元代既以蒙古人爲尊，並挾「準蒙古人」之色目人而統治爲數眾多之漢人，其政策自始即陷入困境，既而過分依賴色目人之能力，爲其總攬國家政治、經濟、軍事等庶務，極盡壓榨防範漢人之能事，卻不知爲發展新民族主義而努力。由此可知，元代之民族因素實爲其文化發展過程中之主要障礙與弱點。

其次，吾人試由元政權在中國歷史文化發展中，其維護「法統與道統」〔註50〕力量上之比重，藉以解析元代文化發展之弱點。惟此處所指之法統

亡，故對蒙古秘史之研究，有助於理解元朝之社會結構。

〔註49〕 參閱：德人克勞斯（Dr. F. E. A. Krause）教授原著，姚從吾譯注，《蒙古史發凡》（Die Epoche der Mongolen）（北平：輔仁大學出版，輔仁學誌第一卷第二期，1929），第一編，第十節，中國皇帝時代的忽必烈——政治設施與和平方略，頁22～23。

〔註50〕 法統與道統之一般性解釋：王船山（夫之），《讀通鑑論》（台北：世界書局，1962）卷一「秦始皇」條，頁1，謂「法備於三王，道著於孔子」。「道」即道

與道統，與前人所述不盡相同，因宜稍加詮釋。「法統」乃是指一國家或政權之主權與法制之承續形式，與正統之意相近，其力量則指該國家或政權維護其主權存在之有形利器，如軍事、武功、法制等。「道統」則是指潛藏於一國家政權或民族內部之文化傳遞形式，道統既以文化為基礎，故其所代表之力量，亦乃國家政權存在賴以維繫之無形力量，所謂文化與國家意識即是。現代國家觀念中，必稱土地、人民、主權、獨立。然國家之存在，不能端視該四要素之具備而定，尚有賴於便利國家主權行使，鞏固獨立地位之國家意識。故吾人比之國家為一有機體，法統其軀殼也，道統其靈魂也。倘若靈魂無軀殼以附，則散漫不實；軀殼無靈魂為其生命，則雖存猶亡，故國家之發展必需二者兼備。

吾人言道統，並不排除元朝道統力量發展之可能性，蓋元雖為一邊疆民族，既入中國而建立政權，文化中發生衝突只是一時之變象，要求調和，乃是萬世之常情。因此若能改以新民族觀念，當亦可發展成功一道統力量，以維護其政權之茁長與壯大。元朝之建立，意即已取得中國歷史之法統地位，以其法制完備，軍事武功亦甚為強盛，尚足以暫時維繫其政權。然而元朝賴以存續或圖興盛之無形因素——道統力量，卻不得發展。故元朝入主中國，惟有法統而已，道統則始終未能建立，因而影響其國祚。綜觀元朝文化，道統力量既未能發展成裨益國家政權鞏固之有利形勢，意即代表元朝獨特之文化或未萌芽，抑或夭折而無長成。此乃元朝文化發展過程中之另一弱點，而此一弱點實有因於前述民族因素而引起。

元代文化之發展既有上述之困難與弱點，而元廷之領導統治階層未能明瞭：掌握文化對於其民族之重要性比掌握政權更為深入，故而對待漢人，縱是最基本之籠絡亦甚吝嗇，反加以各種形式之壓制監視等手段，既疲於防範，何有餘力發展其文化。元朝建國既無文化基礎為其政本，故其統制之策略上

德，人類生活之道是也。「法」即法度，社會生活規範是也。於國家則指立國之道與繫國之法。「統」即倫緒，創業重統也。道統，乃中國歷代聖聖相承一貫之統緒也。若伏羲——神農——黃帝——堯——舜——禹——湯——文武——周公——孔子：中國歷朝建國精神之所託也。法統，中國歷代王朝興廢之統緒也，若正統，取朱子之說，即謂秦——漢——東漢——蜀漢——晉——東晉——（南朝）宋齊梁陳——隋——唐——五代（梁唐晉漢周）——宋——南宋——元——明——清——民國。法統、道統猶國家之體用或表裏，缺一不可。道統，所以維繫國家社會之安定；法統，所以端正立國之地位。要之，立國以法以道，則國恆興；否則，必至分崩離析，雖存猶亡。

演變成一微妙之三角「民族、武力、政權」關係,以民族供作武力,以武力鞏固政權,以政權保護民族。〔註 51〕自來游牧民族之興起,必先合其附近諸部落,繼則聯盟他族,乘其聲勢而壓制其征服區之多數人民,蒙古合西域人而統治中國即是一例。元代蒙古人合西域人,藉政治、經濟、軍事等力量壓制漢人而鞏固其政權,並利用各種特權保護蒙古征服者唯我獨尊之無上地位。既而沉迷於此一自認穩當之形勢,失去新文化型態發展之可能性,或是畏於人數眾多之漢族人口,而不作基本上之融合措施,卻仍強力為之。故吾人稱元亡,亡在文化衝突實不為過。

第三節　衰亡之關鍵

一、「衰亡」淺釋

　　「衰亡」依字面上之解釋,應指由衰落而至覆滅之過程而言。〔註 52〕當代英國大歷史學家湯恩比(Arnord Joseph Toynbee, 1889～1975)對衰落之本質有其獨特之看法。湯恩比研究之出發點一如德國哲學家史賓格勒(Oswald Spengler, 1880～1936)所著《西方之沒落(The Decline of the West)》精神,皆謂文化為有機體(Organism),〔註 53〕對衰落之探討,應重視歷史事件背後所賴以形成之實質因素——政治文化。故而湯恩比在其巨著《歷史研究(The Study of History)》中稱「衰落」之本質可歸為三端:(一)創造之少數失去其創造能力,而僅成為「當權」或「統治」(Dominant)之少數;(二)繼之而來者,乃是多數人民不再效忠及模仿彼少數;(三)此後社會之整體失去其原來之統一性。〔註 54〕吾人以為湯恩比對衰落性質之解釋可適用於中國朝代興

〔註51〕 以上參考:管東貴,《滿族入關前文化發展對他們後來漢化的影響》,頁 271 ～276。

〔註52〕 衰亡一詞,習慣上取衰落(decline)與翻覆(fall)以綜其意。衰落,猶衰頹(deterioration)也,表現於史學上政權存亡之意義者,如羅馬帝國之衰亡(The Decline and Fall of the Roman Empire)。參閱:Jess Stein(Editor of Chief), The Random House Dictionary of the English Language(New York : Random-House, 1971), p.135, "decline"。

〔註53〕 參考:史賓格勒(Oswald Spengler)德文原著,陳曉林據愛金生(Charles F. Atkinson)1962 年版之英譯本迻譯,《西方的沒落(The Decline of the West)》(台北:華新出版公司,1975)第三章「文化有機體」,頁 88。

〔註54〕 參引:湯恩比(Arnord Joseph Toynbee)原著,陳曉林併據索摩威爾(D. C.

衰之探討。

二、元朝衰亡之關鍵

　　若謂蒙古帝國經歷文明之創造與成長過程，〔註55〕依湯恩比稱文明之衰落恆先於政治實體之衰敗，則元朝之建立，實已處於文明發展過程中強弩之末。故元朝建國，在政治層面上雖獲勝利，然由其文化層面觀之，則崩潰之跡早已顯露矣！

　　元朝之衰敗，論者每謂世祖以後諸帝多相繼耽於逸樂，復無賢無德，致朝政日壞。史家更將亡元之主因滙集於末帝妥懽帖睦爾（1333～1368）一人身上，殊失公正。本文擬由文化特質探討元朝衰亡，藉以探討亡元之因始植於建國之時，論其關鍵應在忽必烈汗，其時間則爲至元十七年（1279）宋亡，蒙古元承襲中國歷史正統，甚或更早，而可溯自中統元年（1260）忽必烈之即大汗位，已于文化發展之討論中闡明元朝建立在上述矛盾之基礎上。復以蒙古帝國擴張時期之民族精神喪失，如湯氏所謂「創造之少數」於此期已不再扮演拓荒者之角色，既擠身於統治者之地位，實則踏上衰落之途。近年美國學者達第士（John W. Dardess）亦從文化之角度研究元朝政治，其著作《征服者與儒家——中國元末政治變遷（Conquerors and Confucians：Aspects of Political Change in Late Yuan China）》一書，緒論中曾指出蒙古元完全統治中國之九十年（1279～1368）間，蒙古大帝國之政治實體（Political entity）籠罩整個中國，然此一實體實際上僅爲中國歷史政治法統傳承之片段。而蒙古帝國之不能長久維持統一早已顯露無疑，蓋自一二六〇年以後忽必烈汗之崛起與其建立以北京爲中心之帝國，亦即註定大蒙古政治實體改變之第一步，於是形成若干獨立之蒙古征服地區，如中國之元，中亞之察合台汗國，波斯之伊兒汗國及俄羅斯之金帳汗國。〔註56〕其意乃指出蒙古帝國之分裂關鍵在忽必

Somervell）之節本與湯氏自行縮節之「圖解修訂本」（The New One-Volume Edition, Illustrated）譯成《歷史研究（The Study of History）》（台北：桂冠圖書公司，1978），第十九章「問題的本質」，頁497。

〔註55〕陳曉林譯，《歷史研究》，第十五章「被過抑的文明」，頁365～399。湯氏將游牧民族之文明發展歸爲被過抑之文明型態。吾人以爲：純游牧民族之文明發展，固受氣候地理自然環境因素之影響，然蒙古人於帝國擴張過程中，已漸次沾染外來文明，而建立地跨歐亞之廣大帝國，則謂其曾有光輝之文明殊不爲過。

〔註56〕John W. Dardess（1937～？），〈Conquerors and Confucians：A spects of Political Change in Late Yuan China〉（Edited at Columbia University, 1971），pp.1～5。

烈汗，雖未論及中國元朝之政治實體改變情形，然吾人由元朝文化發展過程
觀之，則可進一步發現忽必烈汗於中統元年建立以北京爲帝國中心之中國式
王朝，不但使原來大蒙古帝國之政治實體改變，同時已爲爾後元朝建國之發
展種下先天性之不良因子，蓋元朝建立，蒙古統治者只是控制政治實體之外
在表象，而未能掌握政治實體賴以鞏固之文化內涵，而此文化內涵之所以未
能發展，乃植因於忽必烈汗中統元年即蒙古大可汗位，卻建立中國式之王朝。
觀其推行漢法政策期間，就中國歷史傳統之意義上而言，忽必烈所作所爲無
非是邁向大一統之途徑，故其政策受到漢人讚揚，此乃中國史家民族利己或
自我主義（egoism）所持之立場。但事實上，漢法時代爲時甚短，縱能建立一
完善之政治機構，惜未繼之以穩固之行政理念，亦即缺乏有經驗有幹才之漢
儒官員繼續參與實際行政，則機關雖置，形同虛設。故而吾人認爲元朝文化
實體之發展，初受創於中統元年忽必烈即蒙古大可汗位所引起汗位之爭，繼
則夭折於漢法政策之受阻。因此吾人推斷元朝衰亡之關鍵在忽必烈汗，乃是
據以上諸因素而論定。

第四節　元朝衰亡與主要文化因素之關係

　　本節稱「主要文化因素」者，實乃本文對於探討元朝衰亡原因過程中之
初步嘗試。美國史家斯坦普（K. Stampp）在其《內戰原因（Causes of the Civil
War）》一書中嘗言：「一如因果問題所顯示者，史家從不曾客觀的和像數學般
精確的知道引發內戰之因。以支離破碎之證據，對人類行爲之未能充份瞭解，
而又不能自眾多歷史因素（factor）中抽出其一以考驗其重要性，則史家在作
結論時務必保持試探和存疑之態度」。〔註57〕因此，吾人秉持審愼之態度指出
探究元朝衰亡之主要文化因素，務須先將導致衰亡之因與果加以辨明。

一、淺釋因果論

　　一國之盛，必有其所以興之因；其衰也亦必有致敗之由。興衰治亂之跡，
皆其表象也；至其本質則潛伏於諸多因素之中，殊難一語道破。

〔註57〕謝劍，〈因果關係（Causality）〉（載台北：台灣商務印書館，雲五社會科學大
　　　辭典，第十二冊，歷史學，1976年版）頁8，據美國史學家斯坦普（K. Stampp）
　　　著《內戰原因（Causes of the Civil War）》，（Englewood Cliffs, N. J.：Prentic-Hall,
　　　Inc., 1959, p.vi）。

　　談歷史因果關係，首先牽涉及心理因素，而心理因素實際上受社會文化規範之影響，佛教之「因果報應論」多少支配中國史事之因果說，史家在心理上有因果報應之觀念，乃求證於史事，諸如：「君子近姆小人，遠賢人，國必亡。」「宦官操權，國必亡。」等，則君子近姆小人，遠賢人，宦官操權，乃是亡國之因。而國之亡，乃上述不符爲政之道諸因素之果。然而歷史因果並非爲必然或絕對之關係，蓋因果關係之存在，必先假定兩個或多個現象之間，有某種片面之依賴（One-Side dependence）關係存在，亦即因果關係只是事實衍遞（factual entailment）之聯繫現象。縱使歷史之因果關係非爲絕對性，然而吾人不必取自然科學之實驗精神，若以社會科學中客觀理論或事實爲基礎，透過客觀之推論與歸納，則歷史因果關係之可能性存在，亦未可排除，而且仍能符合客觀之學術原則。〔註 58〕基於此一認識而觀朝代之興衰，於歷史因果關係之討論中，頗富意義。

　　湯恩比在《歷史研究》一書嘗指出：吉朋（Gibbon）《羅馬帝國衰亡史》中所稱羅馬衰亡植因於蠻族之入侵與宗教之勝利，實則非爲衰亡之因，而是衰亡之果。蓋湯氏將衰亡之因求證於帝國發展之文化基礎，故對吉朋之評語，實甚中肯。因此吾人於探討元朝衰亡之過程中，特別列舉學者對元朝衰亡所作解釋之諸因素（見第三章，第二節）。吾人以爲其中部分因素或有「倒果爲因」之嫌，然實無意指陳或推翻其解釋之普遍價值，惟試圖藉以剖析元朝衰亡過程中，文化因素所扮演角色之重要性。

二、元朝衰亡之主要文化因素

　　依上述歷史因果關係論，稱導致結果之原因非爲唯一，蓋因於歷史環境之不可控制，則不能收驗證之功，而其原因之不可確認亦可知。本文試圖指出元朝衰亡之主要文化因素，實基於廣泛之史實分析，並透過客觀之推論與歸納。

　　自來邊疆民族欲統治中國，至少必須具備二要件：其一，征服者本身之力求變革，蓋歷代邊疆民族在進入中國前之政治組織，皆屬部族組織型態，若欲長遠成功統治廣大農業地區，則需變部落軍事組織爲中央集權之政治組

〔註58〕　以上併參：（一）謝劍，〈因果關係〉，頁 7～8。（二）羅光，《歷史哲學》（台北：台灣商務印書館，1973），第四章，第四節「歷史的因果關係」，頁 251～263。

織。〔註 59〕其二，與征服地區之中國士大夫階層（即儒者官僚或知識分子）或豪族、富商、鄉紳等充分合作。〔註 60〕

　　基於以上二要件，元朝統治者所為者幾何？顯而易見者，忽必烈汗時代曾致力於變革蒙古本身游牧社會之政治組織，中國式王朝之建立便是。其次在謀求與中國儒者等之合作方面，亦不遺餘力，潛邸時期與中統初年之儒治便是。然而元朝國祚不永，其因安在？莫非上述二要件之推行未能持續。述之如下：

（一）蒙古元致力於變革其草原游牧政治、思想、習慣等型態之偏差──制度上之偏差

　　大體而言，蒙古統治者致力於變革之努力不夠徹底，其中二元政策並存，實乃癥結所在。中國農業社會之環境唯有賴歷經數代試驗，擇其效果良好之制度施行之，始能奏功，代表蒙古草原社會之制度殊難並立於中國制度之中。蓋蒙古之政治、思想與習慣等型態，乃是蒙古草原游牧社會經濟之產物，〔註 61〕其強烈衝突與掠奪式之經濟，迥異於農業社會積極謀求生產式之經驗。若以對物力之利用而言，則蒙古社會實屬「破壞性」之經濟型態，中國農業社會則為「建設性」之經濟型態。因此唯有理解社會經濟型態，才能探討其制度思想與習慣等。

　　在制度偏差方面，首先元朝政權雖已建立中國式之政制典章，然尚不願放棄其草原部落制度者亦屢見不鮮，如「怯薛」與「達魯花赤」制度等。元代雖不見宦官制度，然「怯薛」制度之影響元代宮廷亦不下於歷代之宦官，蓋怯薛之成員多為貴族功臣之後裔，氣勢凌人，其武力每為擅權之大臣所極力爭取，倖臣藉以為政本後盾，故元代宮廷紛爭中怯薛扮演極重要角色。其次，元代於地方行政組織──路、府、州、縣等機構中，皆置「達魯花赤」，可見此一制度之重要性，達魯花赤之設置頗有監視與鎮壓之意味。再者，蒙古草原封建制度風尚之遺存，且不論蒙古帝國擴張時期之情形，元朝建立後雖已漸革除或改變

〔註 59〕Wolfram Eberhard（1909～？），Conquerors and Rulers：Social Forces in Medieval China（New York：Leiden, E. B. Brill, 1965），Chapter 5, Pattern of Nomadic Rule, II. China was conquerored many times in its medieval period and later, p.124。

〔註 60〕參考：田村實造，《中國征服王朝の研究》（中冊）研究篇：中國征服王朝について，第二章游牧民族と農業民族との歷史的關係，頁 649。

〔註 61〕參考：伊藤幸一，《蒙古社會經濟考》（名古屋：風媒社，1965）前言所論，頁 1～11。

其分封上之頭銜地位，然諸如分封功臣，諸王等爵位或歲賜，其本質上尚有分民、分地、分賦之意義，且其爵位賞賜仍沿世襲之例。〔註62〕蒙古封建社會之俗，既充斥於元代中國，則漢制漢法之實行，多受其箝制。縱使中國歷代均有或多或少程度不同之封建形式，但蒙古之封建，則遠過之，且時至宋代，中國整個政治形態之發展，早已渡過封建社會之範疇，然而蒙古舊社會封建制度「開倒車」式之發展於中國，〔註63〕其影響或阻礙中國政治體制之進展，終必為中國歷史發展之潮流所唾棄。〔註64〕蒙古草原諸舊有制度既難以適用於中國，而徒欲以此一觀念統治中國，終究失敗乃為必然之事。忽必烈汗時代所作之改革，實際上僅為表面，自始至終，未能消除此一潛藏之障礙，此亦文化特質不易改變之例，特質不變則蒙漢思想文化之基本潛在衝突——如法制、經濟等觀念之差異，甚至種族之歧見不能排除，元朝之衰亡實深植於此。

（二）蒙古元實行漢法之人事問題——元亡文化因素之另一面

在元朝文化發展一節中，曾討論西域文化與漢文化於元代之消長形勢。西域文化基於其文化特質之接近於蒙古本位文化，故自始即居優勢，然而漢文化於忽必烈汗時代曾一度有發展之契機，世祖潛邸至中統初年之儒治即是，然而此期所擢用之人才皆屬潛邸時期之潘府舊臣，而未能重視中國傳統政治人才進用管道之一的科舉制度。尤以定居農業地區之公共事務遠較複雜，惟有定居人民最熟悉其本身事務，因此利用中國行政人員之經驗，實屬必要，〔註65〕況且歷來創業帝王對於社會優秀份子之爭取，每不遺餘力。在積極方面，延攬之以為國效力，並增加王朝之力量。在消極方面，則施以籠絡，免生離心，以維王朝之安全。〔註66〕自古臨民之道，非在強制，而在誘善；而元既未能致力於安民之措施，復吝於籠絡，故終元之世雖禁止漢人持槍械等武器，卻不能阻止亂事之發生。科舉制度者乃中國歷代舉才之標準，優秀之行政幹才皆由之產生，縱令有缺點，然尚不失為舉賢才之道。蓋中國傳統儒家政治官僚集團之產生，

〔註62〕蒙古習俗，有關諸王封地之含意有三：一是 ülüs，就是分民。二是 yürt，就是分地。三是 injü，就是供給宮廷與軍隊需要之收入。以上引《蒙古史略》，第二卷，馮承鈞譯之註釋五，據 Barthod 之說，頁 36。另關於元代之封建制度，參閱：劉光義，《蒙古元的封建》（台北：廣文書局，1965）。

〔註63〕參考：田村實造，《中國征服王朝の研究》（中），頁 650。

〔註64〕John W. Dardess, Op. Cit., p.157。

〔註65〕Wolfram Eberhard, Op. Cit., p.130。

〔註66〕王壽南，《中國歷代創業帝王》（台北：嘉新水泥公司，1964），頁 245～247。

透過此一制度，易於獲得保有相當水準之人才。忽必烈時代中國科舉制度之不能實行，缺失有二：其一，除藩府諸漢儒可擢用外，遺漏其餘之優秀人才。其二，消極方面，未能獲得知識份子之普遍擁戴，乃易肇亂源。士大夫階層之影響中國農業社會政治者頗大，元朝表面上雖非亡於知識份子，然由知識份子所播之民族意識，已亡元有餘。此後雖有仁宗皇慶延祐間（1312～1315）採納李孟、程鉅夫之意見，恢復宋、金以來之科舉制度，藉以提高儒生在元廷之地位，然為時既晚，實施時間又短，故已無補於事。

仁宗皇慶二年（1313）下詔行科舉，《元史》「仁宗本紀」載：

> （皇慶二年十一月）甲辰，行科舉。詔天下以皇慶三年八月，天下郡縣興其賢者、能者，充貢有司。次年二月，會試京師，中選者親試于廷，賜及第出身有差。帝謂侍臣曰：「朕所願者，安百姓以圖至治，然匪用儒士，何以致此。設科取士，庶幾得真儒之用，而治道可興也。」〔註67〕

仁宗雖詔行科舉制度，然其時各方面之政治積弊已深，至若科舉制度所舉人才並非能居要職，顯已失其作用。復以元代科舉制度上之不合理，如應試科目、錄取標準、賜給品第皆依民族（蒙古、色目與漢人、南人）而定，〔註68〕表面雖公平，實則甚不公平，如此不合理之科舉，反而招致非議，自然助長漢民族意識之發展。

至若世祖中統三年，李璮事件〔註69〕導致丞相王文統之伏誅，更斷絕爾後漢儒進用之途，漢法治理漢地之命運亦每況愈下。然由此一事件，吾人可藉以說明蒙古游牧社會之思想，恆存在於政治理念之間，蓋蒙古帝國擴張時

〔註67〕《元史》，卷二四「仁宗本紀一」，頁26～27。

〔註68〕關於元代之科舉制度，參閱（一）箭內亙原著，陳捷、陳清泉譯，《元代蒙漢色目待遇考》，頁69～78。（二）宮崎市定，《アヅア史論考》（下卷・近世編）（東京：朝日新聞社刊，1976），〈元朝治下の蒙古的官職をめぐる蒙漢關係──科舉復興の意義の再檢討〉，頁98～126。該文有譯著：胡其德譯，〈以元朝治下的蒙古官職為中心的蒙漢關係〉（載台北：食貨月刊復刊號第五卷第八期，1975），頁27～39。

〔註69〕李璮叛亂，於世祖中統年間之政治發展中，曾造成一大衝擊，叛亂失敗，亦使元代漢法政策遭受重大打擊。關於李璮叛亂原因與其發展及影響，參閱：（一）孫克寬，《蒙古漢軍與漢文化研究》（台中：東海大學，1970），第一篇第四節「元初李璮事變之分析」頁44～65。原載大陸雜誌第十三期第八卷。（二）愛宕松男，〈李璮の叛亂と其の政法的意義──蒙古朝治下に於ける漢地の封建制とその州縣への展開〉（載東京：東洋史研究，第六卷第四號，1941）頁253～278。

期，不但接受降將來歸，且有勸降、獎勵之事，至天下底定，則復貶叛主求榮之徒，而叛主求榮本爲蒙古草原社會所不齒，甚而嚴法以制之。中統二年李璮之叛，於世祖心目中乃屬罪大惡極之事，故繼而置紅極一時且頗富才能之丞相王文統於死地。而此輩叛主求榮之徒，死本不足惜，但其違背蒙古舊習之罪亦無可逭，然已充分暴露蒙古征服者內心懼怕漢人造反之顧慮，加以西域人興風作浪，漢人在元廷之勢力遂喪失殆盡。「中書左丞姚文獻（樞）公神道碑」云：

> （中統）三年，文統伏誅，西域之人，爲所壓抑者，伏闕群言，回回雖時盜國錢物，未若秀才敢爲反逆。〔註70〕

因此必然加強世祖防範漢人之決心，故於王文統伏誅後，而將漢軍〔註71〕加以整頓改制。西域人趁此得以重振其政治地位。事實上，此項排斥漢儒之政策，乃蒙古風俗習慣之基因，亦爲游牧文化不能接受農業文化之突來衝擊，而犯此「因噎廢食」之病，終自取滅亡矣！

綜上所述，可知蒙古草原封建制度之遺風難以祛除，漢法政策復未能徹底施行。究其原因，實皆文化特質不能諧調所致，而元朝文化發展過程中所發生之困難與弱點亦源於蒙漢文化基本特質之懸殊。因此，吾人認爲文化特質之衝突，實乃元朝衰亡之主要因素。

〔註70〕蘇天爵，《元文類》，卷六〇，「中書左丞姚文獻公神道碑」，頁878。
〔註71〕元代漢軍之形成與建置，併參考孫克寬著：（一）《蒙古漢軍與漢文化研究》，第一篇「漢軍制度與人物」。（二）《元代漢文化之活動》（台北：台灣中華書局，1968），第三篇「漢軍」。

第五章　元朝衰亡之基本因素

　　一個朝代之衰亡絕非起於突然之變故，實有其複雜之淵源，並經長期醞釀之結果。前章已略言元朝衰亡之關鍵，乃基於蒙漢文化特質之衝突。然欲剖析朝代之衰亡，宜作全面性之檢討。本章擬從蒙漢文化特質潛在衝突之角度，藉以解析暴露元朝衰亡之諸明顯層面——政治、經濟與社會，而此三者，實際上已可涵蓋政權運作實體之全部，且交互影響。吾人更認為：表現於政治、經濟、社會方面之衰象，乃是衰亡之果。故以探討文化特質為出發點，試圖對元朝衰亡原因作一較為合理之解釋。

　　又，本章行文，亦略針對第三章所稱：元朝衰亡之一般原因，舉其衰象而進一步分析。

第一節　政治衰微之性質

　　蒙古征服者既無深厚之文化基礎，則雖賦予肥沃之土地、眾多之人民供其驅使，縱或有良法宏規，終陷於癱瘓，欲振乏力。元代政治衰微之性質，大抵分二點以概括之。其一，封建式之政治型態日益破壞，而新型態未能隨即建立，乃造成人事與制度上之混亂局面。其二，人事之困頓未能突破，乃造成「弊日出，則制日繁；制日繁，則弊日出」惡性循環之結果。其性質分領導階層之腐敗與表現在實際政治上之衰象以述之：

一、領導階層之腐敗

　　前已略言，元代政治未能步入正軌，多半因於人謀不臧，而非制度不夠完善。上至君王一人，下至州縣臨民之官，多或好利貪暴之徒，不知養民愛

民之道。舉其大要，略有下列諸點：

（一）諸帝貪鄙無能

世祖雖為開國創業之君，然其才能或值得商榷。世祖之世，先後任阿合馬、盧世榮、桑哥總國家大事，兼為理財重政。彼三人後皆因政壞而不得善終，考其政策，既有一弊在先，何容弊端相尋。莫非世祖拙於用人；或世祖果是好利之君，以理財自肥，而遽採「捨本逐末」、「揠苗助長」之經濟政策，致用彼輩姦臣，世祖有賊在側，久而不察，終亂大謀。《元史紀事本末》，張溥於「阿合馬、桑盧之奸」有云：

> 且進世榮者阿合馬也。阿合馬死，而復任世榮；薦世榮者桑哥也，世榮死而復任桑哥。一奸死，一奸入。凡至元一統之年，皆小人聚斂之日，古來人君好利，未有過於元世祖者也。〔註1〕

世祖之好利，或因黷武所需經費甚鉅所致。而黷武好戰，乃游牧之文化特性，不知佔領區須施以法治，卻仍汲營於兵事，以達其無限擴張與無限羅掘，終無適當之統治策略。擴充與搜括，循環為用，故元代創業之君，實已開亂源；而其後嗣位之君，無守成之才，復耽於宮廷生活，更不知治國為何物？且諸帝得位皆依權臣之謀略，權臣因乃挾天子以號令天下，為所欲為，蓄意蒙上。如順宗至正十二年（1352）紅軍正如火如荼展開反元運動之際，局勢已岌岌可危，而丞相脫脫尚蒙蔽皇帝，真欲以紙包火，其自私與無知，即可概見。據〔明〕權衡撰《庚申外史》云：

> （壬辰）至正十二年正月，孟海馬陷襄陽，徐真逸陷湖廣，其將曾元帥法興陷安陸、江陵。脫脫為相，諱言中原兵亂，哈麻因而媒櫱其過。帝召脫脫，怒責之曰：「汝嘗言天下太平無事，今紅軍半宇內，丞相以何策待之？」脫脫汗流浹背。〔註2〕

元代諸帝無能，助長奸相賊臣之氣勢，實為皇位爭奪因素所造成之後遺症。

（二）官吏腐化之實際情形

元代官吏之腐化，可歸因於二。其一，不求知識。蒙古既統一中國，因

〔註1〕 陳邦瞻，《元史紀事本末》（台北：三民書局，1966），卷七「阿合馬桑盧之奸」，頁40～41。

〔註2〕 明權衡，《庚申外史》（台北：廣文書局，1968），繫年不分卷，頁23～24，按《庚申外史》所載皆為順宗妥懽睦爾一朝之事，自元統元年（1333）至至正二十八年（1368）。

於環境，部分蒙古人雖已改變其「游牧民」生活而營「定居民」之生活方式，居統治者之地位，本宜習文識字，然事實則不然。據《元典章》卷八，「官制二──日月：官員陞轉月日」條，大德元年三月初七日，中書省奏准施行之事項中載：

> 蒙古文字教寬廣者，教人肯學者麼道，識會蒙古文字的，每月日滿了呵，比漢兒、回回令史一等高委付。有如今蒙古文字學的寬廣也，學的人每多是漢兒、回回、畏吾兒人，有今後不爭等委付呵，怎生於內，蒙古人學會文書的有呵，依先體例裏爭一等委付呵，怎生奏呵，奉聖旨是也。蒙古文書寬廣也那般者。〔註3〕

由此可見，元朝雖以較普通人高一等「委付」任用，以鼓勵蒙古人向學，效果依然不彰，其學習蒙古文如此，更談何漢文之學習。〔清〕趙翼稱：「不惟帝王不習漢文，即大臣中習漢文者亦少也」。〔註4〕處理漢地政務，必須使用漢文，然一般官府之蒙古人與色目人不識中國文字，不諳中國情勢，不習中國政治大體，試問何以治中國？李狖《日聞錄》載：

> 國朝以蒙古色目不諳政事，必以漢人佐之，官府色目居長，次設判署正官，謂其識治體練時務也。近年以來，正官多不識字。〔註5〕

又據葉子奇《草木子》卷四「雜俎篇」載：

> 北人不識字，使之為長官，或缺正官，要題字署事，及寫日子「七」字，鈎不從「右七」轉而從「左十」轉，見者為笑。〔註6〕

政治者，管理眾人之事也。若不識政事大體，談何治道，蒙古、色目人既拙於學習，則制度雖善，亦無以發揮功能。

其二，保護政策。元朝為保護蒙古人高官厚祿，在科舉方面考試課目不一，且又分榜錄取。仁宗皇慶二年初詔行科舉，其有關之考試程式，《元史》「選舉志」載：

> 蒙古色目人──第一場：經問五條，大學、論語、孟子、中庸內設

〔註3〕官修（〔元〕仁宗延祐年間），《大元聖政國朝典章》（台北：文海出版社，1964；據沈刻本影印；以下簡稱《元典章》），吏部卷之二，典章八，官制二，「月日：官員陞轉月日」條，頁29。

〔註4〕趙翼，《廿二史劄記》，卷三十，「元諸帝多不習漢文」條，頁432。

〔註5〕李狖，《日聞錄》（墨海金壺本子部），葉六上。

〔註6〕葉子奇，《草木子》（台北：廣文書局，1975，據光緒戊寅仲冬重刻本景印），頁6上。

問，用朱氏章句集註，其義理精明，文辭典雅者爲中選。第二場：策一道，以時務出題，限五百字以上。漢人南人——第一場：明經經疑二問，大學、論語、孟子、中庸内出題，並用朱氏章句集註，復以己意結之，限三百字以上。經義一道，各治一經，詩以朱氏爲主，尚書以蔡氏爲主，周易以程氏、朱氏爲主，已上三經兼用古註疏，春秋許用三傳及胡氏傳記，用古註疏，限五百字以上，不拘格律。第二場：古賦、詔誥、章表内科一道，古賦詔誥用古體，章表四六參用古體。第三場：策一道，經史時務内出題，不矜浮藻，惟務真述，限一千字以上。成蒙古色目人願試漢人南人科目，中選者加一等注授。蒙古色目人作一榜，漢人南人作一榜。〔註7〕

在國子學貢舉方面，元之設國子學甚早，太宗之世即有之，國子學之生員蒙古色目依然佔多數，其每年試貢經御試採用者，亦盡蒙古、色目人天下，其授官等亦有差別。以武宗至大年間爲例，蒙古人授官從六品，色目正七品，漢人從七品。〔註8〕再加以元代蔭敘風氣之盛，蒙古色目人居高官貴族地位者本已眾多，則接受庇蔭者亦必累世增加，而所受之品第，亦較之漢人、南人高一等。〔註9〕

　　試問？蒙古人與色目人皆不讀漢文，何能治經史、懂政事？更何能應考試而中試？則所謂科舉，不過對「漢人」「南人」之愚民政策，實際上完全爲蒙古、色目人取得高官之資格而已，實無補於治道，此則保護政策作祟矣！

〔註7〕《元史》，卷八十一，「選舉志一」，頁4～5。

〔註8〕以上併參：《元史》，卷八十一，「選舉志一」，頁13～16。

〔註9〕「蔭敘」，《元典章》稱「承廕」，乃因父祖之蔭而得品官之謂。《元典章》卷八「官制二：承廕」條，依至元四年十月中書省發布之品官廕敘體例，載：「諸官品，正從分爲一十八等，職官用廕各止一名。正從一品二品子正七品敘，正三品子從七品敘，從三品子正八品敘，正四品子從八品敘，從四品子正九品敘，正從五品子從九品敘。外據六品七品子，已後定奪，注疏外職事。」（頁15）於此記載旨在規定其蔭敘之品第，尚無蒙漢階級上之差別，至成宗之世，遂有差別。《元史》卷二十「成宗本紀二」載：「大德四年八月癸卯朔，更定廕敘格，正一品子正六品敘，從五品子爲從九，中間正從以爲差。蒙古色目人特優一級。」（頁8）

另，《元史》卷八三「選舉志：銓法中」條載：「大德四年，省議諸職官子孫廕敘，正一品子正五品敘，……諸色目人比漢人優一等廕敘，達魯花赤子孫與民官子孫一體廕敘，傍廕照例降敘。」（頁2～3）

可知元代蔭敘制之廣，蒙古色目人與漢人南人之廕敘品第亦有差別。

二、表現在實際政治上之衰象

政治之清明與否，全賴正人君子之推動制度，而經濟之發達，社會之繁榮進步，亦無不因之。有元一代，人事既不健全，政治之敗壞可知，而其表現於實際事務之衰象實不勝枚舉。有關元代中葉之政治情形，武宗至大三年（1310），奉政大夫監察御史張養浩所上之時政書，可概括當時政治之弊病與衰象，文中似多崇仰世祖時代之「搜括政治」，蓋世祖時雖弊端百出，尚有差強人意之處；其後則一世不如一世，故「時政書」首即謂：

> 近年以來，稽厥廟謨，無一不與世祖皇帝時異者，豈陛下欲自成一代之典，以祖宗為不必法，與將臣下工為佞辭陰變之，而陛下不知也。世祖皇帝時官外者有田；今乃假祿米以奪之。世祖皇帝時江南無質子；今乃入泉穀以誘之。世祖皇帝時任人必循格；今則破選法以爵之。世祖皇帝時令三載一遷；今則限九年以困之。世祖皇帝時楮幣有常數，今則隨所費以造之。世祖皇帝時省台各異遷；今則侵其官而代之。世祖皇帝時墨勅在所禁；今則開倖門以納之。世祖皇帝時課額未嘗添；今則設苛禁以括之。世祖皇帝時言事者無罪，今則務煆煉以殺之。〔註10〕

其後舉害政太甚者十事。〔註11〕其中值得注意者有四：

（一）名爵太輕

名爵之授予過分輕率已如前述，張養浩《歸田類稿》亦云：

> （陛下）於左右之人，往往爵位之太高，祿之太重，微至優伶屠沽僧道，有授左丞平章參政者，其他修造而進秩，以伎藝而得官曰國公、曰司徒、曰丞相者，相望於朝，自有國以來，名器之輕無甚今日。……今朝廷諸大臣，不知有何勳何戚，無一不階開府，儀同三司者。〔註12〕

名爵之授受既輕率，則左右侍臣多恃恩而枉顧法紀，政事因之大亂。《元史》

〔註10〕元張養浩，《歸田類稿》（台北：台灣商務印書館，四庫全書珍本三集），卷二「時政書」，頁 3 下～4 上。

〔註11〕其所陳時政之弊十事：一、賞賜太多；二、刑禁太疏；三、名爵太輕；四、臺綱太弱；五、土木太盛；六、號令太浮；七、倖門太多；八、風俗太靡；九、異端太橫；十、取相之術太寬。其各條內容詳見，張養浩，《歸田類稿》，卷二，頁 6 上～26 下。

〔註12〕同前註，頁 10 上～11 下。

「武宗本紀」載：

> （至大二年正月）乙己，塔思不花、乞台普濟言：諸人恃恩逕奏，璽
> 書不由中書直下翰林院給與者，今覈其數，自大德六年至至大元年所
> 出凡六千三百餘道，皆由於田土、戶口、金銀、鐵冶、增餘、課程、
> 進貢、奇貨、錢穀、選法、祠訟、造作等事，害及於民。〔註13〕

復恃恩寵而求請不饜，《元史》「李孟傳」載：

> （武宗至大年間）時承平日久，風俗奢靡，車服僭擬，上下無章，
> 近臣恃恩求請無厭，時宰不爲裁制，乃更相汲引，望幸恩賜，耗竭
> 公儲，以爲私惠。〔註14〕

如此因嬖倖而得官之內外官吏，其對人民及政府之惡劣影響，當可想見。

（二）刑禁太疏紀綱破壞

僧侶和嬖侍等之恃恩恣肆，枉顧法律，使法律徒成具文，如《元史》「不
忽本傳」載：

> 西僧爲佛事，請釋罪人祈福，謂之禿魯麻。豪民犯法者皆賄賂之以
> 求免。有殺主殺夫者，西僧請被以帝后御服，乘黃犢出宮門釋之云
> 可得福。不忽木曰：人倫者王之本。風化之基，豈可容其亂法如是。
> 帝（成宗）責丞相曰：朕戒汝無使不忽木知，今聞其言，朕甚愧之。
> 使人謂不忽木曰：卿且休矣，朕今從卿言。然自是以爲故事。〔註15〕

西僧藉作佛事而亂紀綱，在上者復大赦頻仍，張養浩《歸田類稿》「時政書」
所載甚詳：

> 近年臣有贓敗，多以左右賄賂而免。民有賊殺，多以好事赦宥而原。
> 加以三年之中，未嘗一歲無赦。殺人者固已幸矣，其無辜而死者冤
> 孰伸耶？……叔世往往以赦爲可禳災祈福，故嘗輕易頻數，抑不知
> 福者由人積德累行而生，非縱惡惠奸之所能致。……臣嘗官縣，見
> 詔赦之後，罪囚之出，大或仇害事主，小或攘奪編民，有朝蒙恩而
> 夕被執，旦出禁而暮殺人，數四發之，未嘗一正厥罪者，又有始焉
> 鼠偷，終成狼虎之噬者。問之則曰赦令之頻故耳。意者以爲先犯幸

〔註13〕 《元史》，卷二三「武宗本紀二」，頁1。
〔註14〕 《元史》，卷一七五「李孟傳」，頁18。
〔註15〕 《元史》，卷一三〇「不忽木傳」，頁12。不忽木爲朝廷中之正人君子，後因
於同列多異議，乃稱疾告官，以其公正之人格而言政事，應甚爲客觀。

而不死，今犯即前日應死之罪，兩禦人貨而止坐一罪，於我已多，況今犯未必死，我因而遠引虛扳，根連株逮，故蔓其獄，未及期歲，又復宥之。豈人性固惡，防範不能制哉，誠以在上者開其為盜之途故也。〔註16〕

大赦之頻仍無異獎勵官民犯罪，紀綱破壞，則上行下傚，清廉之政治不可得也。

（三）營私舞弊之風盛行

考元代官吏營私舞弊等情事，於《元典章》中可見者甚多，茲援引二則：

其一，為妄申洪水漂流文卷，共同舞弊，意圖毀去有關證明文件。《元典章》「詐偽：詐申漂流文卷」條載：

> 據本縣官達魯花赤馿馿，縣尹王英，簿尉李德用通同商議，因風水之泛漲，將已救獲大德三年至大德六年終巳未絕文卷九百一十三宗，奉到安撫司指揮全未施行三十四道，妄申洪水漂流一空，欺詐上司，罪犯全廢一縣事務，杜絕照制，原情為重，各決四十七下，罷職。〔註17〕

其二，為州縣達魯花赤貪污之情形，《元典章》「雜犯一：擅科——民官影占民戶」條載：

> （至元二十年間）鄭州達魯花赤紐憐，係蒙古人氏。狀招占破軍民人戶耿順除免雜泛夫役，令各戶供奉送訖：小麥二十七石一斗，粟一十九石八斗，白米五升，大麥一石，稻穀一石，大紙一千五十張，柴四百五十箇，草七百七十箇。罪犯決二十下七。〔註18〕

有關貪污事件實不勝枚舉，由成宗大德七年條下載：「七道奉使宣撫所罷贓污官，凡一萬八千四百七十三人」，〔註19〕及順宗至正五年，蘇天爵嘗謂「奉使宣撫，究民所疾苦，察吏之姦貪，其興除者七百八十有三事，其糾劾者九百四十有九人」。〔註20〕由此二則有關貪污事件之統計數字，更易明瞭元代政治之腐敗情形。

〔註16〕 張養浩，《歸田類稿》，卷二，頁 8 上～9 下。
〔註17〕 《元典章》，卷五二「詐偽：詐申漂流文卷」條，頁 50。
〔註18〕 《元典章》，卷五四「雜犯一：擅科——民官影占民戶」條，頁 41。
〔註19〕 《元史》，卷二十一「成宗本紀四」，頁 11。
〔註20〕 《元史》，卷一八三「蘇天爵傳」，頁 19。

（四）軍伍之腐敗與弱化

元初軍隊征戰無數，運動自如。既「以馬上得天下」，則武力之保持實屬必要。世祖以後即少有大征伐，惟掃蕩亂民盜賊而已，太平日久，兵將驕淫，一旦有警，始見軍伍不可用矣！故葉子奇《草木子》卷三「克謹篇」中，曾對元代世襲將家品格發出感慨之言，曰：

> 元朝自平南宋之後，太平日久，民不知兵，將家子累世承襲，驕奢淫泆，自奉而已。至於武事，略之不講，但以飛觴爲飛炮，酒令爲軍令，肉陣爲軍陣，謳歌爲凱歌，兵政於是不修也久矣。及乎天下之變，孰能爲國爪牙哉，此元之所以卒於不振也。〔註21〕

故蒙古、色目軍常駐中原之結果，荒於酒色，完全失去作戰能力。軍伍平時除耗費國家俸餉外，尚與地方官吏勾結欺詐勒索百姓。戰時則但知劫掠，見敵即潰。〔明〕權衡《庚申外史》所述順宗朝紅軍起，軍伍應戰皆潰逃，其文如下：

> （至正十一年）朝廷聞紅軍起，命樞密院同知赫廝禿赤領阿速軍六千并各支漢軍，討潁上紅軍，阿速者綠睛回回也，素號精悍善騎射，與河南行省徐左丞俱進軍，其三將但以酒色爲務，於剿捕之方漫不加省。赫廝軍馬望見紅軍陣大，揚鞭曰：「阿卜！阿卜！」阿卜者，華言走也，於是所部皆走。至今淮人傳以爲笑。〔註22〕

至正十二年進攻爲紅軍所佔據之汝寧城時，朝廷曾命也先帖木兒代總兵，合諸軍三十餘萬，出兵之盛實爲空前，但未及兩月，軍中夜裡騷動驚慌，兵多棄器械糧車而散離，僅收拾散卒萬人逃回，欲屯駐汴城，濟王在城頭遙謂之曰：「汝爲大將，見敵不殺，何故自潰？吾將劾汝，此城必不容汝也」。〔註23〕當時官軍（包括蒙古、色目、漢軍）之不堪用可知，乃轉而求於募兵或義兵。

至正十二年（1352）丞相脫脫自請督軍討伐徐州盜賊之際，「有淮東元帥逯善之者上言：官軍不習水土，宜募場下鹽丁，可使攻城。有淮東豪民王宣者，亦上言：鹽丁本野夫，不如募城市趫勇慣捷者，可以攻城，前後各得三萬人，皆黃衣黃帽，號曰黃軍」。〔註24〕募兵，乃國家出資募民爲兵也。募得

〔註21〕 葉子奇，《草木子》，卷三，「克謹篇」，頁10。
〔註22〕 權衡，《庚申外史》，頁23。
〔註23〕 參引，《庚申外史》，頁24下～25上。
〔註24〕 《庚申外史》，頁24上。

之兵，其份子複雜可知，而雇傭計酬，見之以利，斷少有賣命之士卒。

　　至正十二年，江淮盜起，淮西宣慰副使僉都元帥府事余闕守安慶，以鄉兵扞外，護民耕種，〔註 25〕如此義兵本深具意義；但其中常有不肖之徒，乘機擁權以自重，見余闕《青陽集》卷五，「再上賀丞相（太平）書」中謂：

> 盧州開義兵三品衙門，而使者悉以富商大賈為之。有一巨商五兄弟受宣者，此豈嘗有寸箭之功？而有功者，皆不受賞，故寇至之日，得賞者皆以城降，而未賞者皆去為賊。〔註 26〕

義兵固屬地主或官吏所組成之地方私軍，其意本在保鄉衛民，然若無政府居中輔導獎勵，則易生弊端。蓋義兵之起無異宣告「朝廷懦弱無能」於天下豪傑，元末義兵之起亦復如是，又元廷待義兵將領常因功多賞薄，或所賞非人，故寇至乃起作賊之志。〔註 27〕而地主官吏組成義兵無不懷私心，蓋求保護自身財富與地位也。

　　官軍之不足用，募兵義兵復不知為何而戰，加以民族主義興起，則豪傑氣勢乃日益坐大。吾人以為軍事乃國祚所賴之一大因素，而觀軍紀之嚴明與否，則可知政治之興廢矣！因此，吾人於探討政治衰弱特質中尤重軍伍腐敗之事實。

三、剖　析

　　總上所述，可知元代領導階層之腐敗與表現於實際政治上諸衰象中，吾人皆可由文化特質之觀點加以解釋，元代諸帝之無能，植因於汗位繼承之易生事端，而事端之起則以庫利爾台制度之存廢為癥結，庫利爾台者，又是蒙古文化特質之要項之一，故蒙古保守祖先舊制等文化之精神，使元朝諸帝疲於鞏固皇位而受制於權臣，復以宮廷淫逸之生活，而自陷於無能之地。

　　至若一般官吏，初則因於先天不嗜學習政治術，復以蒙古草原封建制度（蒙古文化之另一特質）遺存所引起，諸如輕授名爵、廣泛蔭敘、偏廢刑法等，使之日趨腐化，官吏腐化則弊病衰象隨之而生矣！

　　吾人前已略言蒙古元之本質，為游牧文化，及其廣事征伐，所接觸者已超

〔註 25〕參考：《新元史》，卷二一八「余闕傳」，頁 6。

〔註 26〕余闕，《青陽先生文集》（商務印書館，據上海涵芬樓景印常熟瞿氏鐵琴銅劍樓明刊本，集于四部叢刊續編集部），卷五「再上賀（惟一，即太平）丞相書」，頁 5。

〔註 27〕同前註，頁 4。

過游牧文化範疇，乃漸脫離草原封建式之政治型態；然而於建立集權政治型態之過程中，卻未能拋棄草原封建式之思想（包括人事、制度等方面），其影響所及乃擴及全面，故吾人於探索元代政治衰微此一節中，特別提出討論。

第二節　經濟衰落之性質

統治者之政治方針雖有改變社會經濟結構或型態之可能，但要在政治清明，領導有方之環境下，始能潛移默化之。然有不可移易之原則，即不可有違反人類經濟進化等倒退之措施，否則必然遭致全面之反抗；對其原有文化而言，亦應採取漸進方式予以改變，不可驟加廢棄，以致引起反對。元政府處兩種不同之文化與經濟型態中，欲折衷於至當而相安無事，誠非易事。元政府實不足以擔負此重任，政治上既多矛盾與弊端，經濟亦復如此。本節擬先舉元代經濟衰落之事實，再加以解析。

一、政策偏差

所謂元代經濟政策偏差，乃是指蒙古征服者不知「寓富於民」之道。而中國農業社會自古以來，儒家官僚們深知富國必先富民，民富則社會安定，因此儒士最重藏富於民之政治措施。反觀蒙古草原掠奪破壞式之經濟理念，必然與寓富於民之經濟理念大相違背，然而加速元朝財政破產之因素，另有以下四端：其一，元初連年征戰，後復為壓制漢人反抗，養兵極多，軍費所需不貲。其二，諸王貴族歲賜多。其三，僧侶費用甚鉅。其四，大興土木之役。國家財政負擔日益吃重，乃不得不謀求解決之道，然其彌補辦法既非「開源節流」，卻取「飲酖止渴」之自殺方式。先則豫賣鹽引，如《元史》「武宗本紀：至大元年（1308）」條所載：

> （二月）乙未，中書省臣言，陛下登極以來，錫賞諸王，恤軍力，賑百姓，及殊恩泛賜，帑藏空竭，豫賣鹽引。今和林、甘肅、大同、隆興、兩都軍糧諸所營繕及一切供億。合用鈔八百二十餘萬錠。往者或遇匱急，奏支鈔本。臣等固知鈔法非輕，曷敢輕動，然計無所出，今乞權支鈔本七百一十餘萬錠，以周急用，不急之費姑後之。
> 〔註28〕

〔註28〕《元史》，卷二二「武宗本紀一」，頁21。

其結果非但阻滯鹽法與鈔法，並擾亂金融，國家人民同蒙其害。交鈔之發行本為便利之計，然而動用鈔本，惡性循環之結果，形成通貨膨脹，終於造成財政之混亂。繼則加稅於民，仁宗延祐元年（1314）「增課額則比國初倍五十矣」。〔註29〕《新元史》食貨志序亦謂：「元中葉以後課稅所入，視世祖時增二十餘倍，即包銀之賦亦增至十餘倍」。〔註30〕

因此，動鈔本，則鈔法愈虛，財政更無以健全；加賦稅，則百姓日窮，窮則生變，政治乃不堪聞問矣！

二、元代經濟衰落之事實

由於政策之偏狹錯誤，終元之世財政入不敷出，雖仍疲於挽救，但勉強施行之挽救法，皆為竭源捨本之策。惡性循環之結果，只有破產一途。考元代經濟衰落之事實，可由以下數則記載得知。

（一）成宗大德二年（1298）三月，右丞相完澤奏言：

　歲入之數，金一萬九千兩，銀六萬兩，鈔三百六十萬錠，然猶不足用，又於至元鈔本中借二十萬錠，自今敢以節用為請。帝嘉納焉，罷中外土木之役。〔註31〕

（二）武宗至大二年（1309）中書省臣言：

　常賦歲鈔四百萬定，入京師者二百八十萬定，常年所支止二百七十萬定，今已支四百二十萬定，又應支而未給者尚百萬餘定，臣等慮財用不繼，敢以上聞。〔註32〕

（三）仁宗皇慶元年（1312）甫即位，中書平章政事李孟言：

　每歲應支六百萬餘定，又木土營繕之費數百萬定，內降旨賞賜復用三百萬餘定，北邊軍餉又六七百萬定，今帑藏裁餘十一萬定，安能周給不急之費，亟應停罷。〔註33〕

由以上三朝之財政收支情形，可見其捉襟見肘之窘象，往後數朝之情況益趨嚴重，如英宗朝，國庫甚為空虛，乃不得不罷歲賜；迨文宗時，則更限制供給諸王駙馬來朝時所需之芻豆。

〔註29〕　《元史》，卷三〇五「鐵木迭兒傳」，頁24。
〔註30〕　《新元史》，卷六八「食貨志」，頁1。
〔註31〕　《元史》，卷十九「成宗本紀二」，頁19。
〔註32〕　《新元史》，卷六八「食貨志一」，頁1。
〔註33〕　同前註。

三、剖　析

　　考敗壞元代財政諸原因中，征伐乃是游牧民族藉以鞏固自己之方式，至若於漢地處處置重兵，意在壓制漢人反抗，殊不知面對現實，謀求蒙漢協調之可能，乃蒙古文化特質先天不足所致。

　　崇信喇嘛，禮遇番僧，令其肆意驕侈枉法，徒費公帑，莫非元朝諸帝相信番僧做佛事，真能祈福於國？若此，則原來信奉上天（騰格里「TENGRI」ᠲᠩᠷᠢ）或薩蠻教（Shamanism）舊信仰之蒙古人，於接觸諸外來宗教後失去其精神上之連鎖，〔註 34〕而導致對喇嘛教一面倒之敬仰，元代宣政院之設立與帝師之影響宮廷足以證明。然宗教上之狂熱，若無本身穩固之文化特質足以矜持，一旦沈湎，則國本盡失矣！蒙古元終踏上此一絕路。

　　歲賜繁多，草原舊制每歲必予諸王功臣賞賜，尤以庫利爾台會議選出新大汗後，新主為謀諸王公大臣之向心，更是不吝加賞。世世代代如此，而皇族人數之不斷增加，乃造成國家財政上之一大負擔，至武宗至大四年（1311）崩，出席庫利爾台大會選立仁宗之宗王，竟達一千四百人之多，〔註 35〕仁宗即位，當依例封賞，其他之賞賜更不勝枚舉，故元代賞賜之濫，實草原封建制度之遺毒。關於元代財政敗壞，柯紹忞於《新元史》「食貨志」序中亦有言：

> 國用日患其不足，蓋靡於佛事與諸王貴戚之賜賚，無歲無之，而濫
> 恩倖賞溢出歲例之外者為尤甚。〔註 36〕

總觀元朝經濟衰落之根本原因有二：其一，蒙古人先天不諳經濟理論，放任假手色目人，只知剝削而不問實體，竭澤而漁，乃窮天下之經濟政策也。其二，草原封建制度久遺存，徒使自身陷於尾大不掉之苦。故政策既不符農業社會之經濟原則，復違反人類經濟進化之潮流，則經濟衰竭必矣！而經濟破產，實亦為加速元朝衰亡之主因。

第三節　社會不安以至解體之性質

　　政治腐化與經濟破產，必然導致社會不安，而社會不安則是社會解體（Social Disintegration）〔註 37〕之前奏。以社會學觀點而言，社會不安所代表

〔註 34〕 Vernadsky, Op. Cit., p.131。
〔註 35〕 Ibid., pp.133～4。
〔註 36〕 《新元史》，卷六八「食貨志」序，頁 1。
〔註 37〕 參考：謝康，〈社會解體（Social Disintegration）〉（載台北：台灣商務印書館，

之意義與社會解組（Social Disorganization）〔註38〕相近，社會解組之現象通常僅止於衝突、干擾或缺乏和睦，但不論衝突或缺乏和睦，若經由協調適應，則其恢復適當之和諧一致並非不可能。而社會解體者，即瓦解、崩潰、破裂，不復成為一整體之意。基於此一認識，對於元代社會解體之性質，實有值得探討之必要，本節擬先探討造成元代社會不安之因素，其次，列舉元代社會不安之現象，而後再分析其解體之性質。

一、造成元代社會不安之因素

　　社會之安定與否，觀黎民百姓之動態生活知之。造成元代社會不安之因素，略可分三項。其一，心理因素，蒙古游牧民族之日常生活如飲食、起居、服飾，甚至婚姻、倫常、法制、思想、習慣等皆迥異於漢人，〔註39〕既入中國，短期尚不易脫其舊日生活型態。多數人既不瞭解，則姑且投以奇異眼光，對於此一邊疆民族所建立之王朝政權，更不敢仰賴，至少抱以懷疑態度，此種心理上之負擔，終於演成全面之不安狀態。其二，政治統制因素，包括：（一）因種族歧視所引起之待遇差別，如官爵、科舉、法律等方面；（二）軍事管理上之壓制，如地方鎮戍軍之遍設，限制漢人擁有兵器，禁止夜行掌燈與集眾

雲五社會科學大辭典，第一冊《社會學》，1976 年三版），頁 107。稱解體（Disintegration）即瓦解、分裂、崩潰、破裂（break-up）而不成一個整體的意思，亦即由原來的一個團體自行分裂而變成幾個不同的單位。而社會解體之情形較社會解組為嚴重。

〔註38〕同前註，頁 106。稱社會解組（Social Disorganization Social）：在一個社群或一定的社會之內，任何干擾、破壞、衝突，或缺乏和睦一致，俱足以影響既成的社會行為習慣、社會制度或社會控制；除卻加以有意義的適度的調和或適應，否則社會上相當的和諧一致必成為不可能。同時因為社會生活和社會變遷常常是動態的性質，所以「社會解組」必然是一個相對的名詞。某種限度或一定數量的社會解組，在任何時代都是存在的。

〔註39〕關於蒙古人早期之日常生活，〔宋〕彭大雅原著，徐霆疏，王國維箋證，《黑韃事略》（集于《蒙古史料四種》，台北：正中書局，1965 台二版），頁 5～9。其居穹廬（即氈帳），無城壁棟宇，還就水草無常。……其食肉而不粒。……其飲馬乳與牛羊酪。……其服右袵而方領。……其言語有言而無字。……其正朔昔用十二支辰之象（如子曰鼠兒年之類），……但是草青則為一年，新月初生則為一月。除此而外，尚有諸多不同之思想與倫常觀念，蓋蒙古人甫入中原不久，斷難以革除，故漢人俱投以奇異眼光。
又，當時旅行家所載蒙古人生活，可參考：John of Plano Carpini, "*History of the Mongols*"（From : *The Mongol Missio*n, edited by Christopher Dawson, New York : Sheed and Ward, 1955），pp.6～18。

祠禱，設立地方基層社制組織，〔註40〕以蒙古人、色目人居間監視，俾利控制。（三）違反人道之奴隸制度，奴隸有驅口與投拜戶〔註41〕二類，既剝奪其人權，則多不堪虐待而相繼逃亡，官署亦百般緝捕，毫不放過，更有強抑良民為奴隸者。其三，經濟剝削因素，蒙古征服者初則破壞水利，侵佔民田，繼則奴役人民，賦稅逐年增加，茶、鹽、酒、醋等專賣，加重課稅，與民爭利。於百姓則終年勞苦，猶未能一日飽食。

觀元代社會不安之情勢，除心理因素外，實皆由於元廷不諳治道所引起，蓋中國自唐末之亂至宋代，歷四百餘年，國家未能統一，加以兵燹連年，百姓每苦於長期戰亂之破壞，思天下大治之情甚切，有元一代未能饜其願望，人民失望之餘，如有他人號召足以使天下大治者，則應之如響，由是社會愈趨不安，終於演成解體，新政權代之而起。期待新政權之成功，實乃當時多數人尋求突破生活現狀之唯一途徑。

二、元代社會不安之現象

終元之世，盜賊之興不絕於書，尤以江南為甚。據陶希聖先生〈元代長江流域以南的暴動〉一文所列，從世祖至元十一年（1274）至順帝至正八年（1348），七十四年中，叛亂次數達一百十三條，其中至元十一年（1274）至三十一年（1294），三十餘年間，即有八十四條之多，成宗元貞元年（1295）至文宗至順三年（1332），近四十年間只十五條，而順帝朝（止於至正八年，1348）十六年間，有十四條，〔註42〕事實上順帝至正八年，尤其十一年（1351）紅軍亂起後，全國叛亂之頻繁，更難以計算。無論對元代叛亂性質做如何解釋，元代叛亂次

〔註40〕 元代地方最基層之組織，實循蒙古草原之軍戶組織而成，地方最基層組織，習慣稱之為保甲組織。關於元代之保甲制度，有專論，參閱：聞鈞天，《中國保甲制度》（台北：台灣商務印書館，1971年台一版）第五編，第十三章「元之保甲制度」，頁161～170。

〔註41〕 「驅口」，為軍前所掠，其主權屬於驅口之主人。歸順之民戶則稱「投拜戶」，其主權屬於中央。元初常因驅口和投拜戶之分別發生爭執，而驅口原只限於征討所得，但一般大將卻都因貪功而濫以良民為俘虜，雖制法禁止，地方官吏也不顧朝廷禁令，強抑良民為奴隸，如此而造成人民之困擾，人民亦因此而喪失其生活之自由。關於驅口、投拜戶之任務，來源與地位等詳參閱：吳辰伯（晗）《元代之社會》（載北京：清華大學，社會科學一卷三期，1936），頁661～677。

〔註42〕 參閱：陶希聖，〈元代長江流域以南的暴動〉（載上海：新生命書局，食貨半月刊，三卷六期，1936），頁35～44。

數之多乃是無可爭辯之事實。吾人藉由叛變次數之頻仍，推知元代社會普遍不安之現象。叛亂事件姑且不論，宜再一提饑民與流民之情形。

（一）饑民蝟集

貴族商人僧侶豪族之侵占民田，早已破壞農業之正常生產，而蒙古政府統治下之漢人，又要盡雙重納稅義務，一是中央，一是領主。領主常是貴族集團，包括皇族、宗王、公主、駙馬、勳臣、貴戚及若干特殊身份之蒙古人、色目人，至後來則更有商人、僧侶及豪族。生產力既低，復加重稅則，因此為數眾多之農民終年不堪其苦，偶有天災，則饑民蝟集。舉其數目較夥者言之，如以文宗天曆二年（1329）計之：

> 陝西諸路饑民百二十三萬四千餘口。〔註 43〕
>
> 河南路饑民一萬七千四百餘人。〔註 44〕
>
> 江南諸路饑民六十餘萬戶。〔註 45〕
>
> 沿河諸路饑民六十七萬六千餘戶。〔註 46〕
>
> 鳳翔府饑民十九萬七千九百人。〔註 47〕
>
> 浙西饑民十一萬八千九十戶。〔註 48〕

其餘年代，亦屢見不鮮。迄順帝之世，其數目亦未嘗稍減。

元統元年（1333）：

> 京畿霖雨，饑民四十餘萬。〔註 49〕

元統二年：

> 江浙大饑，以戶計者五十九萬五百六十四。〔註 50〕

〔註 43〕《元史》，卷三三，「文宗紀一」，頁 8。
〔註 44〕同前註：「河南府路以兵旱民飢，食人肉事覺者五十一人，饑死者千九百五十人，飢者一萬七千四百餘人。」饑民餓死，甚至食人肉，益可見社會不安之狀。
〔註 45〕同註 42：「池州、廣德、寧國、太平、建康、鎮江、常州、湖州、慶元諸路及江陰州飢民六十餘萬戶。」
〔註 46〕《元史》，卷三三「文宗紀一」，頁 8～9：「大都、興和、順德、大名、彰德、懷慶、衛輝、汴梁、中興諸路，泰安、高唐、曹冠、徐邳諸州饑民六十七萬六千餘戶。」
〔註 47〕《元史》，卷三三「文宗本紀一」，頁 10。
〔註 48〕同前註：「紹興、慶元、台州、婺州諸路饑民凡十一萬八千九十戶。」
〔註 49〕《元史》，卷三八「順帝本紀一」，頁 3：「（元統元年四月）大霖雨，京畿水平地丈餘，饑民四十餘萬。」
〔註 50〕《元史》，卷三八「順帝本紀一」，頁 8。

順宗（順帝）後至元三年（1337）：

江浙等處饑民四十萬戶。〔註51〕

另外爲數較少，或史載饑荒而不記饑民數目者，更不勝枚舉。饑民多，政府或不以賑濟，或杯水車薪，或有粟而不賑，甚或仍以苛歛，〔註52〕則動亂乃起，考元代之叛亂，莫不由之。

（二）流民逃亡

農民因久困於賦役與荒旱災，在本地無以生活，乃相率遷徙逃亡，成爲流民。流民之困苦當是人間悲慘之寫照，張養浩，《歸田類稿》「哀流民操」所敍最詳：

哀哉流民，爲鬼非鬼，爲人非人。哀哉流民，男子無縕袍，婦女無完裙。哀哉流民，剝樹食其皮，掘草食其根。哀哉流民，晝行絕烟火，夜行依星辰。哀哉流民，父不子厥子，親不親厥親。哀哉流民，言辭不忍聽，號泣不忍聞。哀哉流民，死者已滿路，生者與鬼鄰。哀哉流民，一女易斗粟，一男錢數文。哀哉流民，甚至不得將，割愛委路塵。哀哉流民，何時天雨粟，使汝俱生存，哀哉流民。〔註53〕

饑民、流民既已遍佈天下，綱紀倫常，蕩然無存，社會治安堪虞；而元末政府武力廢弛，愈增加不安之象，社會解體只在旦夕耳！

三、剖　析

元代社會之不安現象，表現於饑民與流民之多而且廣。饑民與流民淪落盜賊，終演爲叛亂集團。勿論叛亂集團有無政治理想，其目的莫不積極破壞現狀，期獲一較爲舒適安定之生活。分析元代社會不安諸因素之中，乃是由於政治衰弱與經濟破產所引起，此二因素已於前二節討論過，至若元朝政府對於饑民、流民以及叛亂集團之處置方式，更有不得其法之處。

饑民、流民之無以撫恤，固因財政困難，而財政困難復因於政策不當，

〔註51〕《元史》，卷三九「順帝本紀二」，頁7。

〔註52〕以上併參：蒙思明，《元代社會階級制度》，頁207～208。而有關荒年政府不知撫恤，猶急催賦，〔元〕陳泰，《所安遺集》，（台北：台灣商務印書館景印涵芬樓秘笈第四冊，不分卷），民謠「苗青青」可以知之：「苗青青，東阡西陌苗如雲，經年不雨過秋半，苗穗不實空輪囷，田家流苗見霜雪，免使罹歲勞耕耘，縣官催租吏胥急，糶粟輸官莫論直，勸農使不汝恤。」（頁26上）

〔註53〕張養浩，《歸田類稿》，卷十四，頁21下～22上。

因果惡性循環，終不能解決問題。元政府非但不察叛亂起因所在，反科以嚴法，置以重兵，圖壓制反叛，如此則叛亂愈起，壓制愈大；壓制愈大，叛亂愈多。一波又一波，元朝之衰亡已然可預知矣！

　　如此壓制之統治方式，乃是草原政治文化特質之一，初則表現於對各民族之待遇，如西域諸民族於帝國擴張時，不戰獻城來降，則待遇一如蒙古國族。若此者，固有因於彼此文化特質接近，加以建國時期居功受寵，然其不抵抗而投降之因仍值得注意。及取中原，蒙古征服者，待亡金遺民——漢人，較之亡宋遺民——南人，稍有差別，尤其在統治壓制之尺度上更可見一般。要之，待遇之差別，實與被征服之民抵抗力量之大小程度有關。如「雅薩法典」條文之一謂：「必須給叛逆寫信或對他們派遣使節時，不要以為你們兵力之強，軍威之大，來威嚇他們。僅要告知他們說：『如順服則汝等善遇及安息；倘或反抗，則除永生之上帝能知將有何事臨汝頭上外，非吾人所能知者。』」〔註54〕因此若從此點而言，則乃強調凡拒絕承認大汗最高權力者，均被視為叛逆，將遭到嚴厲制裁。而漢人，尤其是南人，初頑強抵抗，於是受到最不公平之待遇；繼則因反叛而遭鎮壓，徒造成「壓制——反叛——再壓制——再反叛」之勢，衝突愈形尖銳化，故元代叛亂事件頻仍，實可以此一文化特質解釋之。

　　蒙古統治階層失去帝國擴張時期之創造力，以及其內部日趨嚴重之分裂與矛盾，加速元朝社會結構之解體，如沃爾納德斯基謂：皇族人數之急遽增加，乃是改變蒙古國家及社會結構因素之一。成吉思汗後裔之增多，加以每一宗王皆依俗求取封地采邑，則大部分之蒙古牧場及戶口悉為諸宗王分據。結果導致同樣具有「統治民族（ruling nation）」身分之蒙古人，乃自覺彼等原有自己氏族長掌管下之「氏族自由聯合」地位，已被黃金氏族（Golden Kin，蒙古語「ALTAN ORAG」ᠠᠯᠲᠠᠨ ᠤᠷᠤᠭ，即成吉思汗一系之後裔）完全取代。故賴以建立之蒙古民族基礎，因之萎縮，而失去其活力。〔註55〕

　　觀「衰落中之社會，通常同時在兩個方向發生分裂，一是『垂直型的分裂』（vertical schisms），一是『水平型的分裂』（horizontal schisms）」，〔註56〕蒙古帝國內部之矛盾，乃是元朝衰落「垂直型分裂」之現象，而普遍叛亂之

〔註54〕Vernadsky, Op. Cit., p.102。引札奇斯欽譯，《蒙古與俄羅斯》，頁81～82。
〔註55〕Ibid., p.113。
〔註56〕陳曉林譯，湯恩比原著，《歷史研究》，第二十三章「解體的本質」，頁713。

事實，則是元朝衰落「水平型分裂」之現象，於是造成統治階層本身之分裂以及統治者與被統治階層上下之對立，如簡表四：元代社會上下相對性統屬之關係：〔註57〕

表四　元代社會上下相對性統屬關係表

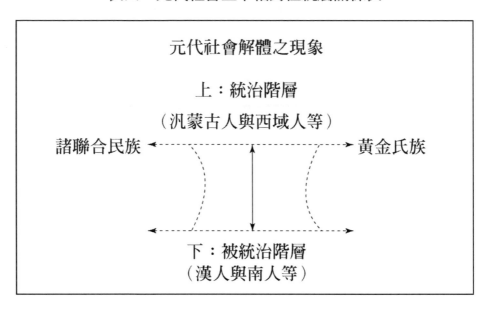

〔註57〕在製作此表之前，宜簡述一個概念：國家社會秩序之維持，有賴上下相對性統屬關係之建立，即領導者（或稱統治者）與被領導者（被統治者）二階層間之關係。表中有四類線，分別代表之意義如下：

（甲）上層線：線，乃因集合無數點緊密而成，在上之統治者固非止一人，實乃若干角色之集合，每一角色代表其中一點，倘各點緊密成一線時，則顯示階層本身鞏固，功能健全，效率亦高。反之，若各角色分裂，點不能集合成線，則乃失去階層功能。

（乙）下層線：代表廣大之被統治階層，其結構與功能之原理如上層線。

（丙）相對線：既承認社會團體間有統治與被統治之關係，則表示其間存在著若干程度之差距。理想社會之上下相對線甚短，因此上、下層線之距離得以貼近，意即兩者間之對立程度不明顯。反之，解組至解體之社會，相對線長，上、下層線之距離遠，意即上、下階層間存有強烈之對立狀態。

（丁）限度線：此線代表上、下階層間賴以保持連繫之諸關係。理想社會具有適當而合理之彈性關係，意即上、下階層之關係處於一種和諧之狀態。反之，限度線勉強維持，繃緊之結果終造成彈性疲乏，則乃社會崩離之象也，而限度線與相對線有極密切之關係。

尚有值得一提者：上、下階層間份子之轉移，於一健全之社會中應在合理限度下進行，故其變動不大。除非因為革命發生，新統治集團形成，由下階層躍升至上階層，反置舊日統治階層於下層線之地位時，變動乃大。

附1　理想社會之型態

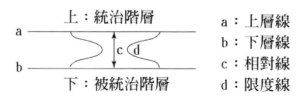

說明：①上下層線本身緊密，並有箭頭分離現象。
　　　②相對線極短。
　　　③限度線充裕紮實，富彈性。

附2　解組至解體社會之型態態

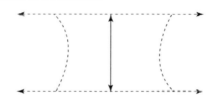

說明：①上下層線本身異離，沒有箭頭外傾趨勢。
　　　②相對線拉長。
　　　③限度線因拉長繃緊，結果彈性疲乏，有斷裂趨勢。

表中顯示：

（一）元代在上之統治階層──黃金氏族與諸聯合氏族（包括汎蒙古人與西域人等）各份子間，已在崩潰之中。而在下之被統治階層各份子間，由於社會之普遍不安，叛亂屢起，饑民、流民增多，其崩潰亦可知。

（二）相對線之拉長，顯示元朝政府與人民間，存在著一種強烈對立之關係。

（三）限度線繃緊而至斷裂，意即元代政府與人民間沒有諧和關係存在，衝突不能藉協調以解決，則社會解體，而國家衰亡。

　　綜上三節所述，剖析元朝政治腐敗、經濟破產與社會解體之諸因素，無不與其文化特質有密切關係。而元代文化發展過程中之瑕疵與困難，既未嘗改善，則呈現於表面之衰象乃是必然之結果。本論文揭櫫蒙古文化特質以解釋元朝衰亡，亦在本章獲得更明確之史實支持。

第六章　結　論

元朝衰亡與新朝代明之興起，絕非因於某一項陰謀或突如其來之叛亂而產生。觀元代政權內部長期衰弱之過程，可以瞭解其間文化發展情形之重要性。元朝衰亡之原因，固然不一而足，但本文舉文化因素以爲問題探討之重心，實即循此一方向並進一步闡明上項意旨。

元代政治一蹶不振，除普遍存在之文化因素外，蒙古人在各期統治階段心理意識型態之轉變，尤不可忽視，特分二點述之。

第一，元朝內部之矛盾與心理弱點：

成吉思汗時代所頒佈足以代表蒙古草原游牧社會習慣與精神之「雅薩法典」，經過長期帝國與其統治地區文化接觸，或因現實環境影響，蒙古人所能身體而嚴格遵守者幾何？曩昔生於草野而好戰民族天性，所施行之嚴刑峻法與搜括掠奪，終因價值觀念迥異，而必須代之以法治與人治。因此，其統治者雖仍深自警惕祖先成法不可違逆，但在若干制度或政治意識型態上，卻已無可避免而披上與其統治地區相同或類似之政治外衣。此則易造成蒙古征服者（無論在上之統治階層或隨行打天下之蒙古人與聯盟各族）間之不協調，因而產生疑忌與矛盾。帝國發展以後之蒙古，尤其元朝政權建立後，不和諧之裂痕更形廣大。初以皇權制度與蒙古社會封建本質間之矛盾，削弱皇室權力之運用。其次，蒙古本部與所屬諸汗國缺乏和諧，各汗國之間亦多磨擦，更造成王室統治上之困擾。再其次，蒙古統治術尚且停留於一不適合治理農業社會之水準，徒使其陷入廣表領土、複雜民族及異質文化之泥淖之中。帝國始終面臨以上內部之矛盾與在新佔領區間衝突之日益擴大，雖嘗致力克服，但效果不彰，困難之累積，愈使政治不可爲，終於被迫退回蒙古草原及

沙漠，復行其游牧生活。

　　遼闊之疆域，卻鎮之以武力，此乃一般征服者常使用之方法。因此，武力既變成統治者威權之象徵；一旦武力萎縮或僅形式上之存在而其作戰能力已告喪失，則威權亦將隨之蕩然而無法維持其政權。又，統治者與被征服民族間人口數目顯明之對比，使統治者心理上自然產生畏懼感，終勉強採取壓制之手段。而另一方面，中國人向來對邊疆民族之統治不懷好感，甚且以被統治於邊疆民族為可恥。於是統治者施行之苛虐及加諸於被征服者之不公平待遇，助長民族反抗運動之普遍發展。

　　第二，奉天承運之理想與精神喪失：

　　蒙古人以「馬上得天下」，雖不見有明確之政治理想，然其尊崇成吉思汗「奉天承運」之旨意，不斷支配其行動，故帝國擴張時期在武功方面能盛極一時。考「奉天承運」之真諦皆存於「雅薩法典」之中，若謂蒙古人無政治理想亦不盡然，而成吉思汗時代所頒佈之「雅薩法典」中之若干政治理念，概寓於日常生活之間，實亦不失其為政治理想之道。

　　元朝政權原有治道之不適於中國農業社會，意即上述成吉思汗「奉天承運」式政治理想之喪失；即使不喪失，亦根本不適合於統治中國。蓋「馬上文化」之特質不能為中國征服地區廣大人民所接受，乃是一不變之事實。既然一套政治理念不適合於另一政治實體，則改變乃是必然之趨勢。有關元朝政治理想變質之事實，已在前面章節論及，吾人尚須注意有關蒙古賴以得天下之軍事武力——軍隊作戰精神之轉變。

　　由蒙古軍隊作戰精神之轉變，即可察知蒙古政權已逐漸衰亡之中。昔日帝國擴張時期，將士皆為其理想「成吉思汗『奉天承運』」而戰；至元朝建立，平息北方諸王叛亂時，將士因知忽必烈得位不循正途，尚且嚴重違反「雅薩法典」原則之一「倘未經由諸王公、貴族及其他蒙古首長們之選舉推戴，而逕宣佈自立為可汗者，將被處死」，罪狀如山，故蒙古軍隊對效忠元世祖忽必烈頗持懷疑態度，因乃不知為誰而戰，故作戰精神大為低落。迨至元末群雄蜂起，蒙古軍隊雖尚能抵抗，則為生存而戰，且屬無計劃之個別作戰，倉皇應付，手足無措，而導致一敗塗地。推其原因有二，一為軍隊腐化；一為軍心渙散；即使政府中之領導階層，亦已不復知理想為何物。

　　因此，蒙古統治中國近一個世紀後，大部分之蒙古人及其同盟者，尤其是統治階層、軍人及官吏，因為社會秩序混亂，衝突日益加深，叛亂擴大而

無力鎮壓，即已漸漸知覺帝國不久將覆亡，故一走了之，眞所謂兵敗如山倒，樹倒猢猻散矣！

　　綜上所述，可知元朝之衰亡有其特異於中國其他朝代者，乃游牧文化與農業文化特質不能調和之結果。蒙古文化「閉鎖性」特甚，在與異質文化（尤其是中國農業文化）接觸過程中，涵化效力低劣，融合因之受阻，衝突於是生焉。蓋衝突無法調適，則尖銳對抗不可避免，遂演成社會混亂局面；再加上接觸時間不久，未及融合而政權結束，故不如魏晉南北朝時期游牧文化與農業文化經漫長衝突後，終於有部分混合成功者大不相同。其值得特別注意者尚有以下三端：

一、蒙古文化之特質

　　「馬上文化」為草原游牧民族生活之基本型態，其表現在日常生活、軍事組織及政治社會制度者，特徵有三：

　　其一，草原游牧文化。由經濟生活角度觀之，草原游牧文化，屬一種與氣候奮鬥最艱苦之經濟型態，凡食衣住行，除穀物及少數日常用品仰賴農業社會外，皆求之於牧畜。在正常情形下，尚可自給自足，故其內部並無多大交易；縱有交易行為，亦僅佔極少數，且其對外貿易所得之物質，特別注重分配。

　　牲畜便是財產，為游牧人民簡單之財富觀念。牧畜賴牧草以生活，牧草則視冬夏氣候因素而變化。為尋求牧草，游牧社會季節性之活動不可或缺。草原人民各部落團體間為保護牲畜與行動自由，常因牧地之「先入為主」而起爭執，戰爭亦隨時可能發生。為防範外人之侵襲與爭奪被他族所佔之牧地，游牧生活形同戰鬥生活，故草原游牧文化中，戰鬥生活實為其極重要之部分。

　　其二，戰爭掠奪文化。游牧社會戰爭之發生往往經濟因素大於政治因素。尤其在氣候發生變化而影響牧草生長時，為求生存，游牧各部族間或為爭奪牧地，甚或互相掠奪財富，再擴大則指向鄰近之農業地區，乃不惜發動掠奪戰爭，且視掠奪為其經濟生活方式之一。

　　由於掠奪性經濟生活方式之影響，游牧民族沒有顯著之計劃性經濟思想，故其表現在對征服地區民族，則極盡其壓榨貪污之能事。而元代蒙古人在中國只知搜刮，不知寓富於民之道。比之十三世紀四十年代，蒙古征服俄羅斯民族，對全俄財產之擄掠及破壞，實有過之。

　　其三，酋長專制制度及其傳位特色。為求能在游牧戰鬥生活行動中維持

優勢並保證掠奪成功，游牧社會之團體組織與嚴密之軍事組織成爲二而一之不可分形態。戰爭務求克敵致勝，則團結、機動性與服從領導三者實爲游牧社會功能所必需。因此，酋長專制制度應運而生，再透過游牧社會特有之血緣性結合力量，其領袖之遞嬗，擇其能者而任之，乃必然之趨勢，故「庫利爾台」之領導權傳襲方法成爲游牧社會政治文化之一大特色。

但草原人民常年忍受乾燥沙漠地帶之嚴寒與酷暑，生活復全然仰賴牲畜，則其生活基礎之穩定性極差亦可知矣！加以不斷遷徙、不斷戰爭之結果，養成其生活質樸而簡單之特性，故於倫理與法律等方面皆未可以農業社會之標準爲衡量，尤其農業社會之道德律令更不可適用於草原社會；相對者，欲以一簡單部落性質之政治組織，而統治包括廣大土地與眾多人民及實務繁複之農業社會，乃是一項重大考驗。自來邊疆游牧民族統治中國失敗之模式，首則放棄其原有之部分機動性，修正其固有游牧經濟與社會型態，以適應現實政治環境，經不斷調整與學習之結果，或有改善，或受阻礙，但俱喪失昔日機動性與勇敢性，則其生存除與中國農業文化進行融合涵化外，實無他途。蒙古元之統治中國亦不出此一模式，而元朝之衰亡實乃保守性極強之蒙古文化特質，於接觸異質文化後產生部分變相與矛盾之結果。

二、蒙古版圖擴充後之文化融合與元代治理中國之政治取向

蒙古帝國擴充時期所接觸之異質文化，主要有三，即遼文化、西域文化與漢文化。而與諸異族文化涵化融合之結果，必然影響元代之政治取向。

（一）與遼文化之融合

元建國初期任用多數遼（契丹）裔之金朝降民，如耶律楚材父子等；按遼原即屬農牧並重之文化型態，先前與漢農業文化接觸曾獲致相當程度涵化之功，而多傾慕漢文化。及淪於金，因女眞族乃屬游牧漁獵並重之文化型態，故多扞格。迨至蒙古寇金之際，蒙古嘗以助遼復仇爲餌，勸遼人降，故元初參與建國之契丹人頗多；而契丹人農牧並重之文化特性，與蒙古純游牧文化型態易於接近，實亦爲促進涵化之重要因素。惟涵化過程中契丹人傾向漢文化之風格，值得特別注意，故元時遼文化常與漢文化相提並論。

（二）與西域文化之融合

西域爲牧重於農而兼有商業之文化型態，本易與蒙古游牧文化接近。其

間彼此往來之頻仍，復以部族聯盟而發生之血緣關係，更加深兩者文化之涵化效力，故西域文化蔚爲元代複合文化主流之一；而牙剌瓦赤、阿合馬、桑哥等人之受重用，即可見證。

（三）與漢文化之融合

漢文化爲純農業之文化型態，故不易與游牧之蒙古文化達成涵化。然觀元代制度皆力從漢制，因此漢文化一時亦成爲元代複合文化之另一主流，由劉秉忠、姚樞、張文謙、史天澤等人被延攬任用可知。但元之接受農業文化，實僅止於形式上之融合，且起伏不常，終於無成。

元與上述諸文化接觸後而建立，但皆淺嘗輒止，殊未能成功一嶄新文化型態，卻始終徘徊於複雜文化環境之中，而偏於相近之部分。多元性文化發展之結果易生矛盾，故既有中國王朝形式，卻以西域人來推動，其中制肘弊端乃層出不窮。因此，元代未有如經兩晉南北朝時期，漢文化與邊疆諸民族文化涵化後，所出現高度發展之隋唐文化。元代固因享祚短暫致難獲涵化之功，然其表現於文化特質上之封閉性，實爲阻礙發展之主因。

三、蒙古人統治中國之特性

元代中國式之王朝既已形成，初則接受前代之統治方式，然爲時甚暫，且經多次起伏，終於雖表面接受中國式之政治制度，但卻摒棄中國文化精髓與人事制度。在人事與法制未能配合之下，西域派文化意識抬頭與西域人專政，則蒙古原有之文化型態與草原政治制度，乃發生重大影響。故中國式之法制，亦因之癱瘓，而不復發生政治上應有之功能。

考元代人事任用之特色及其弊端，自忽必烈汗即位之初，曾有「漢法治理漢地」之決心，故大量擢用漢人；迨李璮事件後，西域人乘機以「秀才敢爲反逆」爲誣衊並攻擊漢人政治之口實，忽必烈汗亦頓覺漢士大夫不可恃，乃改變作風，解除大多數漢人參政之機會。但限於人力，蒙古人亦無法完全直接統治，因乃借重西域人以箝制漢人，並抬高西域人之地位以壓抑漢人，於是西域人更倍受重用。但西域政客僅暫爲蒙古人減輕部分行政及財政上之重擔，對重要之政治問題「如何獲得漢人全力擁護」，則無助益。反因其天性貪暴、搜刮無度與仗勢凌人之野心，而使蒙漢文化衝突之關係益形尖銳，並爲後來民族運動催生。其後縱有漢人見用，然已非漢儒者或士大夫之眞面目；蓋只有迎合滿足蒙古統治者之壓榨政策同流合污者，始能保有官位，雖事非

得已，然爲志節之士所不取。小人道長，君子道消，元朝政局遂不可爲矣！

　　因此，元代初期雖具有良好而健全之政治架構，卻仍以游牧文化爲骨幹，且拙於運用行政人才，不識爲政體要，故不能持久至兩文化涵化產生新文化即告覆亡。

　　綜觀蒙古人在中國失去政權復返故地，與其謂被漢人以武力推翻，不如謂其爲自然崩潰之結果。姑不論元代畸形而不健全之社會組織，端視元末叛亂之性質，縱使初未有明顯而足以危害政權之民族意識，但表現於社會上之不安，復因饑餓連年，居民流散；饑民終匯爲一鼓反元之宏大潮流，向元廷衝擊而來，試問孰之能禦？元代社會不安狀態，無非植因於行政制度上之不適合與任人之不適當，元朝統治者非但未能作合理之調整，卻代之以鎮壓。遇有饑民，即如最基本之賑濟皆靳而不辦，反豢養眾多壓制百姓之兵，如此捨本逐末之統治術，其不發生眾叛親離者幾希矣！論元朝之衰亡，實蒙古人自取其咎；故謂亡元在元，確有其不易之理。

史源及參考書目

凡　例

一、所有書刊，分爲（壹）、（貳）兩類；以中、日文寫成者納入（壹）類，
以西文寫成者納入（貳）類。

二、第（壹）類中，分一、二兩組；史源及當時人之記載皆列入第一組，後
人編纂及新研究者，皆列入第二組。第二組中，專書歸爲（一）類，論文
歸爲（二）類。

三、中、日文書刊在各類中，依作者姓氏筆劃排列；西文則依作者姓氏字母
序排列。

四、凡屬中、日文期刊，或論叢之論文，皆加〈〉號，西文之論文加＂＂號。
凡屬書名，則記《》號。

壹、中、日文

一、史　料

1. 《北史》，李延壽，藝文印書館，據清乾隆武英殿刊本景印。

2. 《日聞錄》，李翀，墨海金壺本（第一三八冊）。

3. 《元史》，宋濂，藝文印書館，據清乾隆武英殿刊本景印。

4. 《青陽先生文集》，余闕，台北：商務印書館；四庫叢書續編本，據上海
涵芬樓景印常熟瞿氏鐵琴銅劍樓明刊本。

5. 《元朝秘史三種》（四部叢刊本、葉德輝本、十五卷本），佚名，台北：維
新書局，1975 年。

6. 《元朝秘史》（十五卷本），佚名，台北：廣文書局，據道光廿七年秋靈石楊氏刊本影印，1977 年。

7. 《晉書斠注》，房玄齡（等奉敕撰）（清吳士鑑、劉承幹同注），藝文印書館，據著雍執徐之歲京師刊本。

8. 《大元聖政國朝典章》，官修，台北：文海出版社，1964 年，據沈刻本影印。

9. 《雙溪醉隱集》，耶律鑄，台北：商務印書館，四庫全書珍本三集。

10. 《所安遺集》，陳泰，台北：商務印書館，景印涵芬樓秘笈（第四冊）。

11. 《（南村）輟耕錄》，陶宗儀，台北：世界書局，1963 年，排印本。

12. 《歸田類稿》，張養浩，台北：商務印書館，四庫全書珍本三集。

13. 《黑韃事略》，彭大雅（撰）、徐霆（疏）、王國維（箋證），台北：正中書局，1965 年台二版，集于蒙古史料四種。

14. 《草木子》，葉子奇，台北：廣文書局，1975 年，據光緒戊寅仲冬重刻本。

15. 《（鐵函）心史》，鄭思肖，台北：世界書局，1956 年。

16. 《朱子語類》，黎靖德（編），台北：正中書局，1970 年；據國立中央圖書館藏明成化九年江西藩司覆刊，宋成淳六年導江黎氏本影印，並據日本內文閣文庫藏覆成化本修補。年

17. 《韓昌黎全集》，韓愈，台北：新興書局，1967 年。

18. 《元（國朝）文類》，蘇天爵（編），台北：商務印書館，1968 年。

19. 《庚申外史》，權衡，台北：廣文書局，1968 年。

二、後人編纂及新研究

（一）專書部分

1. 《滿蒙通覽》（上編），大內逸郎（主編），大連：福昌公司調查部，1918 年。

2. 《蒙古源流箋證》，小徹辰薩囊台吉（原著）、沈曾植（箋證）、張爾田（校補）；台北：中國文獻出版社，1965 年。

3. 《中國歷代興亡述評》，王式智，台北：黎明文化事業股份有限公司，1975 年。

4. 《國史之鑰》，王忠雲，台北：自刊本，1960 年。

5. 《東洋史》，王桐齡，台北：商務印書館。

6. 《中國全史》，王桐齡，台北：啟明書局，1960 年。

7. 《讀通鑑論》，王船山（夫之），台北：世界書局，1962 年。

8. 《中國歷代創業帝王》，王壽南，台北：嘉新水泥公司，1964 年。

9. 《蒙古元與王氏高麗及日本》，王儀，台北：商務印書館，1973 年。

10. 《中國征服王朝の研究》（中），田村實造，京都：東洋史研究會，1971年。

11. 《蒙古之今昔》，札奇斯欽，台北：中華文化出版事業委員會，1955年。

12. 《蒙古與俄羅斯》（The Mongols and Russia），札奇斯欽（譯），（George Vernadsky 原著），台北：中華文化出版事業委員會，1955年。

13. 《世史正綱》（集于丘文莊公叢書下冊），丘濬，台北：丘文莊公叢書輯印委員會，1972年。

14. 《西域文明史概論》，羽田亨，東京・京都：弘文堂書房，1934年。

15. 《政治發展理論》，江炳倫，台北：商務印書館，1973年。

16. 《蒙古社會經濟考》，伊藤幸一，名古屋：風媒社，1965年。

17. 《曝書亭集》（下），朱彝尊，台北：世界書局，1964年。

18. 《中國通史綱要》（下冊），余又蓀，台北：商務印書館，1971年。

19. 《蒙古史略》，佚名，台北：廣文書局，1974年。

20. 《歷代紀元編》，李兆洛，台北：商務印書館，1968年。

21. 《元史學》，李思純，台北：華世書局，1974年。

22. 《中國文化史》，李繼煌（譯）（高桑駒吉著），台北：商務印書館，1970年。

23. 《中國通史》，金兆豐，台北：中華書局，1969年。

24. 《歷代名人年里碑傳總表》，羌亮夫，台北：商務印書館，1970年。

25. 《中國通史》，林瑞翰，台北：三民書局，1977年。

26. 《我國一治一亂思想的探討》，周道濟，台北：中央研究院三民主義研究所專題選刊第十五本，1978年。

27. 《元史語彙集成》，京都大學文學部（編），京都，1961年。

28. 《中國史學史》，金靜庵，台北：鼎文書局，1974年。

29. 《遼金元講義》──丙、元朝史（集于姚從吾先生全集第四冊），姚從吾，台北：正中書局，1974年。

30. 《蒙文入門》，哈勘師楚倫，台北：文史哲出版社，1978年。

31. 《新元史》，柯紹忞，藝文印書館，據天津徐氏退耕堂本。

32. 《元史譯文證補》，洪鈞，東京：中文出版社，1969年。

33. 《元代漢文化之活動》，孫克寬，台北：中華書局，1968年。

34. 《蒙古漢軍與漢文化研究》，孫克寬，台中：東海大學，1970年。

35. 《元代道教之發展》，孫克寬，台中：東海大學，1968年。

36. 《アヅア史論考》，宮崎市定，東京：朝日新聞社，1976年。

37. 《中國歷代興亡紀》，高越天，台北：維新書局，1964 年。

38. 《蒙古與中國》，高博彥，台北：金蘭文化出版社，1977 年。

39. 《元史研究論集》，袁冀，台北：商務印書館，1974 年。

40. 《蒙古語大辭典》，日本・陸軍省・樋山光四郎（編輯），東京：偕行社編纂部，1933 年。

41. 《歷史學手冊》，張存武、陶晉生（編），台北：食貨出版社，1976 年。

42. 《續文獻通考》，畢沅，台北：新興書局，1963 年。

43. 《中國社會與中國革命》，陶希聖，台北：全民出版社，1955 年。

44. 《元史紀事本末》，陳邦瞻，台北：三民書局，1966 年。

45. 《多桑蒙古史》（Histoire des Mongols, depuis Techingniz-Khan Juquá Timour Bey ou Tamerlan），馮承鈞（譯）（Abraham Constantin Mouradgea d'ohsson 原著），台北：商務印書館，1965 年。

46. 《蒙古史略》（The Short History of Mongol），馮承鈞（譯）（René Grousset 原著），台北：商務印書館，1971 年。

47. 《中西交通史料彙編》（第二冊），張星烺，台北：世界書局，1962 年。

48. 《邊疆史研究——宋金時期》，陶晉生，台北：商務印書館，1971 年。

49. 《元代蒙漢色目待遇考》，陳捷、陳清泉（譯）（箭內亙原著），台北：商務印書館，1975 年。

50. 《元朝怯薛及斡耳朵考》，陳捷、陳清泉（譯）（箭內亙原著），台北：商務印書館，1975 年。

51. 《飲冰室文集》，梁啓超，台北：中華書局，1960 年。

52. 《元朝秘史》，陳彬龢（選註），台北：商務印書館，1970 年。

53. 《中國文化要義》，梁漱溟，台北：正中書局，1972 年。

54. 《西方的沒落》（The Decline of the West），陳曉林（譯）（Oswald Spengler 德文原著），據 Charles F. Atkinson 1962 年版英譯本迻譯，台北：華新出版公司，1975 年。

55. 《歷史研究》（The Study of History），陳曉林（譯）（Arnord Joseph Toynbee 原著），台北：桂冠圖書公司，1978 年。

56. 《西方文明史》，陳驥，台北：九思出版社，1978 年。

57. 《文化論》（What is Culture?），費通（譯）（B. K. Malinowski 原著），台北：商務印書館，1965 年。

58. 《中國文化概論——對傳統文化的解析》，韋正通，台北：水牛出版社，1969 年。

59. 《御批歷代通鑑輯覽》，傅恒（等奉敕撰），台北：新興書局，1959 年。

60. 《蒙兀兒史記》，屠寄，台北：世界書局，1962 年。

61. 《中國通史》，傅樂成，台北：大中國圖書公司，1975 年。

62. 《新史學與社會科學》（The New History and The Social Studies），董之學（譯）（H. E. Barnes 撰），台北：華世書局，1975 年。

63. 《中國保甲制度》，聞鈞天，台北：商務印書館，1971 年。

64. 《元代中央政治制度》，楊樹藩，台北：商務印書館，1978 年。

65. 《政治地理學原理》，蔣師君章，台北：自刊本，1976 年。

66. 《元代社會階級制度》，蒙思明，北平：燕京學報，專號十六（台灣東方文化書局景印），1938 年。

67. 《廿二史劄記》，趙翼，台北：世界書局，1971 年。

68. 《陔餘叢考》，趙翼，台北：世界書局，1970 年。

69. 《蒙古元的封建》，劉光義，台北：廣文書局，1965 年。

70. 《中國救荒史》，鄧雲特，台北：商務印書館，1970 年。

71. 《元史》，黎傑，台北：大新書局，1968 年。

72. 《國史大綱》（下），錢穆，台北：商務印書館，1970 年。

73. 《中國歷代政治得失》，錢穆，台北：東大圖書有限公司，1977 年。

74. 《中國歷史研究法》，錢穆，台北：三民書局，1969 年。

75. 《中國歷史精神》，錢穆，台北：東大圖書有限公司，1976 年。

76. 《國朝群雄事略》，錢謙益（著）、牧齋甫（編），台北：台灣華文書局，1969 年。（據漢唐齋藏抄本刊）

77. 《中國社會制度史》，薩孟武，台北：三民書局，1971 年。

78. 《西域人與元初政治》，蕭啓慶，台北：台大文學院，1966 年。（文史叢刊）

79. 《社會科學的性質及發展趨勢》，魏鏞，台北：商務印書館，1974 年。

80. 《歷史哲學》，羅光，台北：商務印書館，1973 年。

81. 《中國通史》（上），羅香林，台北：正中書局，1961 年。

82. 《中國民族史》，羅香林，台北：中華文化出版事業社，1959 年。

（二）論文部分

1. 〈西域和中原文化對蒙古帝國的影響和元朝的建立〉，札奇斯欽，台北：大陸雜誌第三〇卷第十期，1965 年。

2. 〈說舊元史中的達魯花赤〉，札奇斯欽，台北：台大文史哲學報第十三期，1964 年。

3. 〈蒙古的語言和文字〉，札奇斯欽，台北：邊疆文化論集（二），中華文化

出版事業委員會，1954 年。

4. 〈元實錄與經世大典〉，弁傳楷（譯）（日本·市村瓚次郎著），史學年報第一卷第三期，1931 年。

5. 〈戰後中國內戰的統計和治亂的週期〉，李四光，北平：中央研究院歷史語言研究所集刊，外編第一種（慶祝蔡元培先生六十五歲論文集），1933 年。

6. 〈元代之社會〉，吳辰伯，北京：清華大學，社會科學第一卷第三期，1936 年。

7. 〈畏兀兒人對於元朝建國之貢獻〉，李符桐，原載台北：師大學報第十五期，1964 年；另集於台北：中華學術院，史學論集第三冊，1977 年。

8. 〈元朝與明初的海運〉，吳緝華，台北：中央研究院歷史語言研究所集刊第二十八本上冊，1956 年。

9. 〈以元朝治下的蒙古官職爲中心的蒙漢關係〉，胡其德（譯）（宮崎市定著），台北：食貨月刊復刊號第五卷第八期，1975 年。

10. 〈成吉思汗與大雅薩法典〉，哈勘師楚倫，台北：中國邊政第六十四期，1978 年。

11. 〈蒙古史發凡〉（Die Epocheder Mongolen），姚從吾（譯注）（Dr. F. E. A. Krause 著），北平：輔仁學誌第一卷第二期，1929 年。

12. 〈忽必烈汗與蒙哥汗治理漢地的歧見〉，姚從吾，台北：台大文史哲學報第十六期，1967 年。

13. 〈忽必烈汗對於漢化態度的分析〉，姚從吾，台北：大陸雜誌第十一卷第一期，1955 年。

14. 〈鄭思肖生平與行事雜考〉，姚從吾，台北：食貨月刊復刊號第四卷第一、二期，1974 年。

15. 〈鐵函心史中南人與北人的問題〉，姚從吾，食貨月刊復刊號第四卷第三期，1974 年。

16. 〈舊元史中達魯花赤初期的本義爲「宣差」說〉，姚從吾，台北：台大文史哲學報第十二期，1963 年。

17. 〈文化接觸變遷的過程——若干假設的論證〉，徐人仁（譯）（〔日〕吉田順吾著），台北：大陸雜誌第二十五卷第八期，1962 年。

18. 〈歷史研究的上下左右——兼談湯恩比〉，唐文標，載於陳曉林譯歷史研究序文中，1978 年。

19. 〈北南訪賢與延祐儒治〉，孫克寬，台中：東海學報第八卷第一期，1967 年。

20. 〈元典章譯語集釋〉，翁獨健，北平：燕京學報，第三十期，1946 年。

21. 〈元代長江流域以南的暴動〉，陶希聖，上海：新生命書局，食貨半月刊第三卷第六期，1936 年。

22. 〈元代江南大地主〉，陶希聖，食貨半月刊第一卷第五期，1935 年。

23. 〈元代佛寺田園及商店〉，陶希聖，食貨半月刊第一卷第二期，1935 年。

24. 〈李璮の叛亂と其の政治的意義——蒙古朝治下に於ける漢地封建制とその州縣への展開——〉，愛宕松男，東京：東洋史研究第六卷第四號，1941 年。

25. 〈元初江南的叛亂（1276～1294）〉，黃清連，台北：中央研究院歷史語言研究所集刊，第四十九本第一分，1978 年。

26. 〈滿族入關前文化發展對他們後來漢化的影響〉，管東貴，台北：中央研究院歷史語言研究所集刊，第四十本，1968 年。

27. 〈近六十年來國人對遼金元史的研究〉，趙振績，台北：史學彙刊第四期，1971 年。

28. 〈維吾爾語文字彙卡片〉，劉師義棠，未刊行。

29. 〈宋代遼金文化之南漸〉，劉銘恕，華西：金陵大學，中華文化研究彙刊第六卷，1946 年。

30. 〈元朝の衰亡〉，鴛淵一，東京：誠文堂新光社，東洋文化大系第四冊「宋元時代」，1940 年。

31. 〈忽必烈時代「潛邸舊侶」考（上）（中）（下）〉，蕭啓慶，台北：大陸雜誌第二十五卷第一‧二‧三期，1962 年。

32. 〈元代的宿衛制度〉，蕭啓慶，台北：政大邊政所年報第四期，1973 年。

33. 〈元代的鎮戍制度〉，蕭啓慶，台北：姚從吾先生紀念論文集，1971 年。

34. 〈喇嘛教與元代的政治〉，譚英華，東方雜誌第四十二卷第四期，1946 年。

35. 〈功能主義〉條、〈社會解組〉條、〈社會解體〉條，王雲五（名譽總編輯），雲五社會科學大辭典第一冊《社會學》（台北：商務印書館，1976 年，三版）。

36. 〈政治發展〉條、〈國家〉條，王雲五（名譽總編輯），雲五社會科學大辭典第三冊《政治學》。

37. 〈文化〉條，王雲五（名譽總編輯），雲五社會科學大辭典第九冊心理學。

38. 〈同化〉條、〈涵化〉條、〈文化叢〉條，王雲五（名譽總編輯），雲五社會科學大辭典第十冊《人類學》。

39. 〈因果關係〉條、〈循環論〉條，王雲五（名譽總編輯），雲五社會科學大辭典第十二冊《歷史學》。

貳、西　文

1. Carpini, John of Plano, "History of the Mongols"（From : *The Mongol Mission*,

edited by Dawson Christopher）,（New York : Sheed & Ward, INC., 1955）。

2. Dardess, John W., *Conquerors and Confucians : Aspects of Political Change in Late Yuan China*（Studies in Oriental Culture No. 9）（New York : Columbia University Press, 1973）。

3. Eberhard, Wolfram, *Conquerors and Rules* : Social Forces in Medieval China（New York : Leiden, E., J., Brill, 1965）。

4. Haltod, Mattai; Hangin, John Gombojab; Kassatkin, Serge & Lessing Ferdinand D., *Mongolian-English Dictionary*（Berkeley and Los Angeles : University of California Press, 1960）。

5. Kroeber, A. L. & Kluckhohn, Clyde, *Culture : A Critical Review of Concepts and Definitions*（Cambridge : Harvard University Press, 1952）。

6. Poppe, Nicholas, *Grammar of Written Mongolian*（Wiesbaden, Germany : Wiesbadener Graphische Betriebe GmbH, 1954）。

7. Sankrityayana, Mahapndita Rahula, *History of Central Asia*（Calcutta, New Delhi : New Age Publishers Private LTD. 1964）。

8. Serruys, Henry, *The Mongols in China during the Hung-wu Period*（1368～1398）（Bruges : Imprimerie Sainte-Catherine, 1959）。

9. Teng, S. Y. （鄧嗣禹）, "A Political Interpretation of Chinese Rebellions and Revolutions"（台北：清華學報，第一卷第三期，1958）。

10. Verba, Sidney, "Comparative Political Culture" From : *Political Culture and Political Development*（Edited by Lucian W. Pye & Sidney Verba）,（N. J. : Princeton University Press, 1965）。

11. Vernadsky, George, *The Mongols and Russia*（New Haven and London : Yale University Press, 1953）。

12. Wittfogel, K. A. & Feng Chia-sheng（馮家昇）, *A History of Chinese Society : Liao （907～1125）*（Philadelphia : The American Philosophical Society, 1949）。

附　圖

附圖一　元代疆域圖

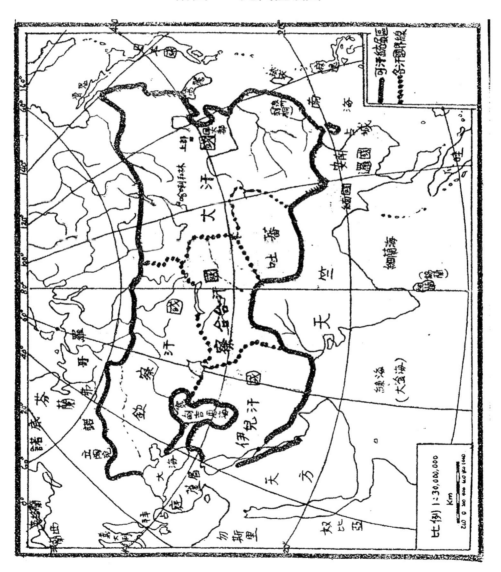

資料來源：方豪著《中西交通史》——馬可波羅一家人東遊路線

附圖二　元代疆域圖──元朝本土

資料來源：〔日〕佐口透譯注，多桑原著：《モンゴル帝國史》

附圖三　　元末群雄割據圖

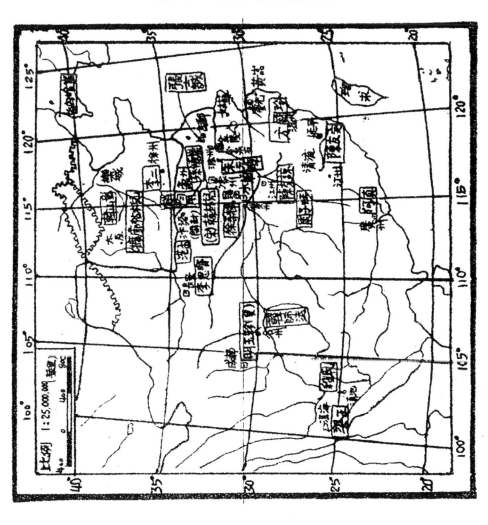

資料來源：據李師毓澍編譯，箭內互編著，和田清增補：《中國歷史地圖》

附錄一：
忽必烈汗即位前後與蒙古守舊派間之衝突及其建立元朝之意義

　　一般言元朝之建國，必溯自太祖成吉思汗統一蒙古內部，創建蒙古帝國；次則太宗窩闊台汗、定宗貴由汗、憲宗蒙哥汗之相繼經營，而後再敘及世祖忽必烈汗之建立元朝。有關忽必烈即位前四大汗時代之蒙古帝國興起發展情形，中外史書討論甚多，茲不贅述。本文特針對忽必烈汗所建立之元朝加以討論。

　　忽必烈即大汗位後之意義有三：其一，前「四大汗時代」所建立之蒙古帝國之政治中心逐漸轉移至漢地；〔註1〕其二，中國式之王朝形態於是形成；其三，整個蒙古帝國，實際上已因忽必烈汗之即位而隨之宣告崩離瓦解。然而造成以上結果者，究其原因，概匯結於一途：即元世祖傾慕漢文化而與蒙古守舊派間所造成之衝突。衝突由來已久，關鍵在於世祖潛邸。《元史·世祖本紀》載：「歲甲辰（西元1244年），帝在潛邸，思大有為於天下，延藩府舊臣及四方文學之士，問以治道」。〔註2〕至其人才來源，《經世大典序錄》「禮典總序上篇八：進講」條載：「世祖之在潛藩也，盡收亡金諸儒學士，及一時

〔註1〕 關於蒙古帝國擴張時期，帝國重心究屬西進囊括西域，抑或南進征服漢地，於前四大汗時代，似未能確定，然其取向西、向南並進之擴張政策，則明顯易見；但未見有以漢地為政治中心之可能性。另參閱：札奇斯欽，〈西域和中原文化對蒙古帝國的影響和元朝的建立〉（載台北：《大陸雜誌》第三〇卷，第十期，1965年），頁317～322。

〔註2〕 《元史》，卷四，「世祖本紀一」，頁1。

豪傑知經術者，而顧問焉」。〔註3〕世祖之傾慕漢文化於是可見，而世祖之接觸漢文化，實與其受封漠南之地有關。一二五一年，忽必烈之兄蒙哥汗即位後，乃「盡屬以漠南漢地軍國庶事，遂南駐瓜忽都之地」，〔註4〕既有人才復有封地，則世祖以漢法治理漢地可以試驗矣，亦乃奠定日後元朝建國之基礎。此即所謂「金蓮川幕府」時期，〔註5〕由於此期以漢法治漢地之成績優越卓著，亦因其政策多傾向漢法，而摒棄蒙古傳統，已令蒙古本位主義保守派之不滿，姑不論世祖當時雄心若何，然不免引起蒙古大可汗王庭方面之疑心或其他惡意中傷，而此一事件事實上已演至忽必烈汗與蒙哥汗間之直接衝突，且情勢一度甚為嚴重。衝突最顯著者可見於姚燧所撰之《中書左丞姚文獻公（樞）神道碑》：

> 歲丙辰（憲宗六年，西元1256年）公入見。或讒王（世祖）府得中土心。帝（憲宗）遣阿藍荅兒，大為句考，置局關中，惟集經略宣撫官吏，下及征商無遺，羅以百四十二條曰：「俟終局日，入此罪者，惟劉（黑馬）、史（天澤）兩萬戶以聞，餘悉不請以誅。」上（世祖）聞不樂。……先遣使以來覲告。時帝（憲宗）在河西，聞不信之，曰：「是心異矣！日來詐也！」再使至，詔許，馳二百，乘傳棄輜重先，及見天顏始霽。大會之次，上（世祖）立酒尊前，帝（憲宗）酌之。拜退復坐，及再至，又酌之。三至，帝泫然。上亦泣下，竟不令有所白。而上勒罷關西鈎考。〔註6〕

〔註3〕 蘇天爵，《元文類》（台北：商務印書館，台一版，1968年），頁547～548。
〔註4〕 同註2。
〔註5〕 按金蓮川，與瓜忽都應同屬一地，並與其後世祖即位於中都（開平）亦必有關連。但金蓮川之正確位置自始即難以指出。即如當時之記載亦甚為籠統，如元·耶律鑄《雙溪醉隱集》，卷二，頁7上～8上，「金蓮川」條，僅註「駕還幸所也」。並成一詩曰：「金蓮川上水雲間，營衛清泠探騎閑，鎮西虎旅臨青海，追北龍驤過黑山」。蕭啟慶，〈忽必烈時代「潛邸舊侶」考（上）〉（載台北：《大陸雜誌》二五卷，第一期，1962年）一文註21中亦曾詳加考證，頁21～22。
〔註6〕 見蘇天爵，《元文類》，頁876。
又參考：姚從吾，〈忽必烈汗與蒙哥汗治理漢地的歧見〉（載台北：《台大文史哲學報》第十六期，1967年），頁223～236。札奇斯欽〈西域和中原文化對蒙古帝國的影響和元朝的建立〉一文，論及「用西域法治漢地，還是以漢法治漢地的問題」，曾列四則史料，以見憲宗時代，親中原文化之革新主義者與親西域文化之保守主義者間之政治摩擦。

其中尤不可忽視之一人，其爲牙剌瓦赤，〔註7〕西域人，爲自太祖以來，歷經四朝之元老，一向主張以西域法治理漢地者，並廣獲蒙古本位主義保守份子之支持，於憲宗即位後復膺任燕京等處行尚書省事，爲保守派之代表，更是衝突之關鍵性人物；衝突雖經姚樞等居中調和，〔註8〕然蒙古本位主義保守派與忽必烈革新主義一派間之歧見始終未能消除。以上可謂衝突之遠因。

至其即位後之衝突，表面上雖爲帝位繼承之爭奪，然上述衝突之遠因，於此時非但未曾消除，而且愈演愈熾。若單由忽必烈之即大汗位於開平與其

〔註7〕 牙剌瓦赤：《秘史》（李文田注本），《新元史》皆作牙剌洼赤，即《多桑蒙古史》中所稱之馬合木牙剌洼赤，馮承鈞譯註中稱牙剌洼赤，突厥語猶言大使，但一般皆以此名之。屠寄，《蒙兀兒史記》（台北：世界書局，西元 1962 年）卷四六有其傳，頁 2 下－3 上，則稱其爲回紇，種古速魯氏，花剌子模（Khârezm）國舊都兀籠格赤（玉龍傑赤）人。而《元史》不列其傳，有關之事蹟皆散見於本紀或其他列傳中，然所載類多苛責，似爲橫征暴歛之酷吏。而《多桑蒙古史》（頁 266）載：

先是諸王遣使持令旨徵求貨財於波斯，使者甚眾，索供應於居民，人民因以疲弊。稅課任意加增，農人每年之所獲，不足供繳納之用。至是阿兒渾以苛徵擾民事上聞，蒙哥命從阿兒渾入朝之波斯各地徵收官吏各條議其弊及除弊方法。次日，集諸徵收官吏曲詢之，諸人皆言人民困苦，蓋因賦稅之重，宜用馬合木牙剌洼赤（即牙剌瓦赤）所定河中丁賦之例，計貧富徵之，每年一次，其他諸稅皆免，蒙哥從之。

由此一記載當可知牙剌瓦赤，在波斯河中府〔Transoxiane，本附西遼，都撒馬爾干（Samarkand）於中亞思渾（藥殺水）與紀渾（阿母河）兩河之間〕一帶之治績頗受重視。自太祖時代投降後，歷朝皆見用。太宗窩闊台汗即位，充燕京行省札魯忽赤（大斷事官），主管漢民公事，且掌中原財賦。貴由汗立，亦任前職。憲宗即位後，復以牙剌瓦赤等人充燕京等處行尚書省事，燕京等處行省所治者乃華北之地區，而其時皇弟忽必烈則領治漠南之地。牙剌瓦赤之政策無非以西域法治漢地，如此治道所生之弊端百出，常爲時人所詬病，故《元史》本紀或列傳只見此一面，必多苛責。至若其西域法治理漢地之不行與漢法治理漢地之普遍施行，本無可非是，然以其間統領範圍之相接或重疊與人爲因素，乃使衝突產生。

〔註8〕 此次衝突之調解平息，有賴姚樞之策劃及當時國師那摩於憲宗、世祖兩方面居中開導，且見兩則記載：

（1）《元史》，卷一五八，「姚樞傳」載：

樞曰：「帝君也；兄也。大王爲皇弟，臣也。事難與較，遠將受禍，莫若盡王邸妃主自歸朝廷，爲久居謀，疑將自釋。」（頁 3）

（2）《元史》，卷一三五，「鐵哥傳」載：

先是世祖事憲宗甚親愛，後以讒稍疏，國師（即鐵哥叔父，那摩也）導世祖宣宜加敬慎，逐友愛如初，至是帝將用鐵哥，曰：「吾以酬國師也！」（頁 13）

弟阿里不哥之繼立於和林而觀之，兩者皆不符傳統「蒙古汗位繼承法——庫
利爾台」之規矩，故彼二者之得位皆屬不正。然依當時忽必烈汗之不待召集
傳統式之庫利爾台會議，即謀自立，實有其隱情苦衷。馮譯《多桑蒙古史》
之記載可略見端倪：

> 一二六〇年一月，忽必烈營於燕都（北京）城下，以阿里不哥調發
> 人丁銀蓄，遣使責之。阿里不哥報以好言，用安其心，冀誘忽必烈
> 及其黨赴其在阿勒卜山蒙哥之大斡朵中所召集之會葬大會。乃遣脫
> 里赤往延忽必烈及其軍中諸王。諸王答言：「俟將所部軍隊送還駐地
> 後，然後赴會。」脫里赤使人以告其主，而自隨忽必烈赴開平，此
> 地即忽必烈之黨所訂選立新主之所也。洎至，忽必烈弟末哥，窩闊
> 台子合丹・斡赤斤那顏子脫合察兒（Togatchar）及左手諸王統將等，
> 開大會。群以親王旭烈兀既在波斯、朮赤、察合台兩系後王因道遠
> 未能召集，情形嚴重，未能展期，遂一致擁戴忽必烈，依習用禮儀
> 奉之即位。〔註9〕

上文中稱「情形嚴重，未能展期」，固因諸王道遠不能如期召集大會，若以此
理由而匆促開會推選大汗，則顯見不合蒙古之傳統。因此，由阿里不哥之遣
脫里赤至忽必烈軍前斡旋一事，乃是關鍵所在。又，《多桑蒙古史》載：

> 諸宗王統將等以推戴忽必烈事，遣使者百人往告阿里不哥；脫里赤
> 聞變遁走，被執，逼訊之，遂盡吐蒙哥死後其主之策謀。〔註10〕

脫里赤既洩漏阿藍荅兒謀立阿里不哥，遣人括民兵事，因知彼等策謀自立早
已進行；適值忽必烈正大力攻伐南宋，本不欲接受宋丞相賈似道之請和，因
乃召諸將幕僚議事，遂與南宋議和，班師返還蒙古，及至上都（開平），聞阿
里不哥於今多倫諾爾附近所召集之大會，已將就緒。〔註11〕如赴會，亦無助
益。因此，忽必烈汗軍中幕僚及其擁護者乃不待赴全國庫利爾台大會而預先
勸其即位，實乃時勢使然也，如此則亦見忽必烈汗一黨自始即謀奪取蒙古大
汗之寶座，若依蒙古習慣衡量之，顯見其不無私心。蓋雖以序以賢而論，世
祖當立為大汗，然猶應遵循蒙古傳統之選汗程序，受推戴而踐祚。

〔註9〕 多桑（D'ohsson）原著，馮承鈞譯，《多桑蒙古史》（台北：商務印書館，台
　　　　一版，西元 1965 年），第三卷，第一章忽必烈時代，頁 302～303。

〔註10〕 同前註，頁 303。

〔註11〕 參引：札奇斯欽，《蒙古之今昔》（台北：中華文化出版事業委員會，西元 1955
　　　　年），頁 144。

再由阿里不哥方面觀之，其屬意大汗位亦不無道理，《多桑史》上述之記載可見其蓄意奪取大汗位之居心，且依情勢而言，阿里不哥似佔地利，因諸王皆受封領地經營在外，獨阿里不哥控有當時蒙古帝國之政治重心。因此阿里不哥於忽必烈汗即位後，亦積極行動，《多桑史》載：

> 命阿藍荅兒發兵於漠北諸部，分遣心腹，易置將佐，散金帛，賚士卒。又命劉太平、霍魯懷拘收關中錢穀。時渾都海自先朝將兵屯六盤、太平等陰相結納。渾都海復分遣人約成都密里霍者，青居乞台不花，同舉事。阿里不哥遂自立於哈喇和林。其黨擁戴最力者，爲蒙哥之正后忽都台，蒙哥子阿速台、玉龍荅失（Youroung-tasch）、昔里吉（Schireki）及察合台孫數人。〔註12〕

阿里不哥自立於和林後，忽必烈汗乃以蒙古帝國大汗之尊宣佈其僭位造反，雙方先則互遣使者往返磋商議和，殊不得要領，忽必烈乃興兵攻之，阿里不哥亦率軍南進，不敵，阿里不哥終於屈服。然由雙方對峙之陣容以觀之，阿里不哥一派實較居優勢，〔註13〕惜其武力不敵忽必烈。蓋阿里不哥雖受眾多蒙古守舊派諸親王之擁護，忽必烈則以其握有帝國主要武力而致勝。

宋理宗寶祐五年（西元 1257 年），蒙哥汗出師南侵，命少弟阿里不哥居守哈喇和林，並以阿藍荅兒輔之。及宋理宗開慶元年（西元 1259 年），蒙哥汗屢攻南宋合州不克，旋蒙哥汗崩，依蒙古習慣，其末弟阿里不哥召集庫利爾台大會以接待諸王重臣赴會，本屬當然。然阿里不哥之謀臣阿藍荅兒等畏懼忽必烈汗之既賢且頗負眾望，乃先遣脫里赤至忽必烈汗軍中藉故以拖延其赴會，曲之在阿里不哥一方；爾後忽必烈汗雖因時勢所迫，而接受諸王及幕僚等之勸進即位，則忽必烈亦有所曲；忽必烈既已違反蒙古汗位承繼法，依例應受到嚴厲制裁，〔註14〕則和林方面召開之庫利爾台大會推立阿里不哥不

〔註12〕同註 10。

〔註13〕擁立阿里不哥者，其陣容中有：蒙哥之正后忽都台，蒙哥之子阿速台、玉龍荅失、昔里吉、察合台後王（察合台之孫），另有阿藍荅兒、李魯歡、渾海都、脫火思、脫里赤等。較之忽必烈一方：親王合丹（窩闊台子），末哥（忽必烈弟），阿只吉、塔察兒、也先哥、阿必失合、（以上二人皆察合台之孫，不里之子）、忽剌忽兒、瓜都等。兩者相較，阿里不哥一方，似乎擁有較多蒙古親王之支持。以上并參洪鈞，《元史譯文證補》（日本東京：中文出版社，西元1969 年），卷一四「阿里不哥補傳」，頁 219。

〔註14〕Mahapandida Rahula Sankrityayana, History of Central Asia （Calcutta, New Delhi: New AgePublishers Private LTD., 1964）, "The Yassa", P.261；「雅薩法

可謂不正！因此北方諸宗王，不予承認忽必烈在先，繼而擁立阿里不哥爲領袖，從事武力反抗，實爲於法有據。雖阿里不哥終不敵忽必烈汗，而投降請罪。但其後自世祖至元以來，甚而延至成宗大德年間北方諸王以海都爲首之亂（包括其間乃顏、篤哇等之亂），〔註15〕皆足以代表北方諸王長期不妥協之具體行動。

汗位之爭執固乃衝突之原因，然其妥協並非不可能，惟忽必烈汗潛邸時期乃至即大汗位以後，其施政方式之罔顧蒙古習慣而傾向漢地成法，纔是衝突之源，即位前之衝突已如前述，即位後有關之衝突可徵之於史者，且舉二則以述之：

其一，代表一般蒙古守舊派意見者，以《元史》「高智耀傳」所述西北藩王對忽必烈之指責最爲具體：

> 至元五年立御史臺，用其議也。擢西夏中興等路提刑按察使。會西北藩王遣使入朝，謂：「本朝舊俗與漢法異，今留漢地，建都邑城郭，儀文制度，遵用漢法，其故何如？」帝求報聘之使以析其問。智耀入見，請行。帝問所答，劃一敷對，稱旨，即日遣就道。至上京（和林）病卒。〔註16〕

其二，屠寄《蒙兀兒史記》中對此一衝突之評論：

> 蓋蒙格（哥）汗以前四朝，皆建牙和林，氈廬湩酪，一仍遊牧古風。自忽必烈汗定都燕地，濡染華俗，蒙兀（蒙古）老成人，多不善之。
>
> 〔註17〕

既然忽必烈之繼承蒙古大汗一事始終未能爲西北諸部宗王所信服，則忽必烈大汗表面上雖擁有蒙古大帝國共主之美名，然西方諸部至是實皆各自獨立，自汗其國，而與大都中央政府幾至完全脫離關係。

忽必烈汗即位後，由於汗庭多儒臣，則其建立中國式之王朝意志已決。其遷都中國境內，〔註18〕乃志在久居，因而漸改舊俗，大量起用漢人推行漢

典」，第三條謂：「假使沒有經由諸王公、貴族或其他蒙古首長們之選舉，而逕自宣佈立爲可汗者，將（應）被處以死刑。」
〔註15〕參考：洪鈞《元史譯文證補》，卷十五「海都補傳」，頁225～235。
〔註16〕《元史》，卷一二五「高智耀傳」，頁10～13。
〔註17〕屠寄，《蒙兀兒史記》，卷八十一，頁1下～2上。
〔註18〕忽必烈汗前四大汗，其即位之地點及整個蒙古帝國之政治中心，概不出斡難（Onon）與怯綠連（Kerulen）兩河源一帶，亦即喀喇和林（Karakorum）附近。按（1）成吉思汗，西元1206年，建九斿白旗，即皇帝位於斡難河之源。

法，汗庭之政治組織幾乎模仿中國制度而訂，朝儀禮文、百官及內部行政等無不由之；征服南宋統一中國之願望亦積極推展。中統元年五月十九日所下建元中統之詔書；〔註19〕至元三年十月議奉「祖宗世數尊諡廟號，增祀四世，各廟神主配享功臣法服祭器等事」；〔註20〕至元八年十一月下詔建國號曰元；至元十年立長子眞金爲皇太子，及至元十六年平宋後正式接受慶賀，凡以上諸事，皆爲蒙古舊俗所無，卻爲中國王朝所習見。因此，忽必烈即位建國，實乃中國式王朝雛形塑造之始，此亦即吾人探討元朝建國意義之所在。

（原載：1981 年 5 月，中國歷史學會《史學集刊》第 13 期）

（2）窩闊台汗，1229 年，諸王百官會於怯綠連河曲雕阿蘭之地（《元秘史》作客魯連河闊迭兀阿剌勒地行，據台北：台灣商務印書館，陳彬龢《選註元朝秘史》，1970 年，頁 175），以太祖遺詔，而即皇帝位于庫鐵烏阿剌里。（3）貴由汗，1246 年，張柔入覲於和林，秩七月，即皇帝位于汪吉宿滅禿里之地。（4）蒙哥汗，1251 年，大會於闊帖兀阿蘭之地，即位於斡難河。甚至僭立之阿里不哥亦即位於和林城西按坦河。忽必烈汗初即位於上都開平，已而遷都於大都（北京），可見蒙古政治中心自此始南移至漢地。而日後劃分行政區域時，稱被征服之漢地核心區域爲腹裏，蒙古本土反變成一邊遠之行省——嶺北行中書省。

〔註19〕《元史》，卷四，「世祖本記一」，頁 8。
〔註20〕《元史》，卷六「世祖本紀三」，頁 6。又卷一「太祖本紀一」，頁 3 言：至元三年追諡成吉思汗父親也速該爲烈祖神元皇帝，皆可見追諡之事，始於至元三年。而馮譯《多桑蒙古史》所載（頁 312～313），與《元史》略有出入，茲引以爲參考：

> 忽必烈仿漢制，於 1263 年（中統四年）建太廟於燕京，以祀成吉思汗父也速該，及其四子窩闊台、尤赤、察合台、拖雷，並其二孫貴由、蒙哥，共爲八室。以上漢語廟號，每室各以其正后附焉。1266 年（至元三年）太廟成，帝命僧薦佛事七晝夜，歲以爲常。

附錄二：略論元初官制之建立

一、前　言

　　元史固然蕪雜難於貫通，但經清代考據風氣的影響，刺激中外漢學家對元史研究的興趣，已使原被喻為一部最雜亂的中國斷代史，呈現一片新的景象，同時也對蒙古民族有更深一層的瞭解。可惜，這種瞭解似乎不夠，且看若干中國通史、史綱，甚或有關的專著，只要提到元代或蒙古，往往稱元代政治黑暗，蒙古毫無文化可言；西方學者所著世界通史、文化史之類的書，對於蒙古人空前偉大的勢力擴張，索性稱之為「黃禍」降臨，因此很少提及，甚至於略而不書，如此敘述殊欠公正。究其原因，謂蒙古文化落後者，只是旁引諸如《元史紀事本末》（明・陳邦瞻撰）、《廿二史箚記》（清・趙翼撰）等二手資料中之片面之詞，卻無法提出具體證據，而妄稱其文化落後，全然忽略了其中開創部分的實際貢獻。加上明代韃靼、瓦剌寇邊頻仍，明不勝其擾，乃造成朝野上下一致仇恨蒙古人的心理，無形中令當時學者士人，對蒙古元做不夠客觀的陳述，這也是導致後人對蒙古元有錯誤評價的原因之一。至於西方學者以「黃禍」一詞唐塞，實際上是為了迴避過去苦難的追述，而使得他們對蒙古文化一無所知。縱使一般中西學者普遍不諳蒙古文化之實質，然而乃有少數完全摒棄自我民族文化優越感的學者們，從經濟生活的層面來探討蒙古文化，所得客觀而中肯的研究成果，是值得特別重視的。

　　試想蒙古人竟能統領如此廣大地區之土地與人民，僅就其入主中原建立元朝達九十年之久而言，可見其非有高度之治術不為功。而一代之政治，原本經緯萬端，官制是國家政治組織之表現形式，一切政令之釐訂與實施，莫

不由之。官制健全與否，固然關係其整個政權之存亡，然徒法亦不足以自行。觀元代官制，非全部沿襲前朝之舊制，如其中有關官銜、職稱之設立，嘗擷取各種民族語言習慣而訂，較之遼金進步。蒙古人憑此而駕御中國政治近百年之久，當可說明其治術有其可取之處，實非拙於文治，擅長武功可擬。若謂其後期因政治腐敗而滋生事端，其過失實不應歸咎於初創法律制度者，蓋立法本身乃是因時因地而制定，後世人因墨守成規，不知採取應變措施，致生流弊，其過錯當由後世人承擔。

本文擬就元初官制制定之背景與其特性進行分析，期能闡明元初草創官制之歷史意義。

二、世祖建制前之官制

十三世紀初，成吉思汗創建之蒙古帝國，乃是一個以蒙古草原為中心的游牧大帝國，其向外經略擴張，可以說是從滿足需要而出發的一種純掠奪性經濟的行為，或奪取可以利用之資源、日常用品等，或佔領豐美肥沃的水草地而已，原無須層層繁複之官制，來統治其部眾。

因此，太祖鐵木真，初以中左右三萬戶，掌理軍事，[註1] 以斷事官——扎魯忽赤 [註2] 來處理行政和司法事宜。《元史》「百官志」載：

> 元太祖起自朔土，統有其眾，部落野處，非有城部之制，國俗淳厚，非有庶事之繁，惟以萬戶統軍旅，以斷事官治政刑，任用者不過一二親貴重臣耳。[註3]

〔註1〕 《蒙兀兒史記》（台北：世界書局，民國52年版），卷二七，列傳第九木合黎，頁1下。

〔註2〕 「扎魯忽赤」為蒙古語「ZARGUCHI」之對音，按蒙古文語正統音則為「JARGUCHI」 ᠵᠠᠷᠭᠤᠴᠢ，據 Mongolian-English Dictionary（Berkeley and Los Angeles：University of California Press, 1960），頁1037，「ZARGU」 ᠵᠠᠷᠭᠤ 名詞形，為「裁判、訴訟」之意。「ZARGUCHI」 ᠵᠠᠷᠭᠤᠴᠢ，為「裁判者、斷事人」之意。另據《元史》卷八七「百官志三」載：「國初未有官制，首置斷事官，曰『扎魯忽赤』，會決庶務，凡諸王、駙馬、投下、蒙古、色目人等，應犯一切公事；及漢人姦盜詐偽，蠱毒厭魅，誘掠逃驅，輕重罪囚，邊遠出征官吏，每歲從駕，司上都存留住冬諸事，悉掌之。」又，趙翼《廿二史劄記》（台北：世界書局，民國60年版），卷二九「蒙古官名」條載：「扎魯忽赤：本紀，太祖開創之初置此官，位在百司三公之上，猶漢之大將軍也，亦名斷事官，得專生殺，故位最尊。」由此可知「扎魯忽赤」，就是斷事官，猶今之法官。

〔註3〕 《元史》（藝文印書館，據清乾隆武英殿刊本景印），卷八五「百官志」（百官

及定西域之後，太宗窩闊台始於各城設置「達魯花剌」，[註4] 行政上可謂簡約之至。滅金取中原之後，太宗再稍事擴大其制，設立十路宣課司，以括中原之民戶，並且開始接納金朝歸降之遺臣，依其原官銜授職。《元史》「百官志」載：

> 及取中原，太宗始立十路宣課司，選儒術用之，金人來歸者，因其故官，若行省、若元帥，則以行省、元帥授之，草創之初，固未暇為經久之規矣。[註5]

上述可知，太祖時代若有官制可言，則尚屬宮帳衛組織 [註6] 型態。及至太宗時代，由於帝國疆域之相繼擴張，必然需要增置新官以統天下，至若其開始起用金朝遺臣，亦因受當時漢文化之影響，如耶律楚材等。耶律楚材曾向太宗進諫道：「天下得之馬上，不可以馬上治之」，[註7] 太宗深許之，於是儒者漸獲晉用，漢制漸漸形成。太宗窩闊台三年辛卯（西元 1231 年）：

一），頁 1 下。

[註 4] 「達魯花赤」為蒙古語「DARUGUCHI」之對音，據 Mongolian- English Dictionary 頁 233～234 載：「DARU-」為語根，兼具命令形。其動詞形「DARUHU」 ⟨蒙文⟩，為「鎮壓、征服、蓋印」之意。「DARUGUCHI」 ⟨蒙文⟩，為「鎮壓者、征服者、制裁者或蓋印者」之意。四部叢刊本《元朝秘史》（葉德輝本，台北：維新書局，民國 64 年版）音譯之為「答魯合臣」，意譯作「鎮守官名」，而「答魯合臣」實與「達魯花赤」同義。再查《元史語彙集成》（日本‧京都大學文學部編，1961 年版），得知《元史》提及「達魯花赤」之處甚多，然皆未作明確解釋。而「達魯花赤」一詞，首見於《元史》卷一「太祖本紀」：「（太祖）十八年，……遂定西域諸城，置達魯花赤監治之。」另據葉子奇《草木子》（台北：廣文書局，據光緒戊寅仲冬重刻本。）卷三「雜制篇」載：「元路州縣各立長官，曰『達魯花赤』，掌印信以總一府一縣之治，判署則用正官，在府則總督，在縣尹，達魯花赤猶華言『荷包上壓口榛子也』，亦由古言『總轄』之比。」又據趙翼《廿二史箚記》卷二九「蒙古官名」條：「『達魯花赤』，掌印辦事之長官，不論職之文武大小，或路或府或州縣皆設此官。」綜上所述可知，『達魯花赤』，應指蒙古大汗欽派常駐某一地區或機關之欽差大員。而關於『達魯花赤』之沿革與變遷可參閱：（一）姚從吾〈舊元史中達魯花赤的本意為「宣差」說〉（載《台大文史哲學報》第十二期）；札奇斯欽〈說舊元史中的達魯花赤〉（載《台大文史哲學報》第十三期）。

[註 5] 同註 3。

[註 6] 宮衛，是比較固定之斡魯朵（斡耳朵）。斡魯朵，則是游牧社會可汗帳廷的通稱。徐霆在《黑韃事略》（台北：正中書局，民國 54 年版。）中稱之為帳殿。北亞游牧民族中，如契丹、女真皆有之。

[註 7] 《新元史》（藝文印書館，據天津徐氏退耕堂本）卷一三七，列傳二四「耶律楚材」，頁 3。

秋,八月,帝幸西京,始立中書省,改侍從官名,以耶律楚材爲中
書令,粘合重山爲左丞相,鎮海爲右丞相。〔註8〕

如是片段記載可知,元早於太宗時,其官制已有逐漸仿效漢制之勢,但
是由於當時兵馬倥傯,東征西討,不能停下來認眞訂立一套完整的官制。誠
如《元史》「百官志」所言「草創之初,因未遑爲經久之規矣!」只是因降人
之原官職而任之,暫求安定,故了無定制。

三、元初官制從漢人官制之背景

據《元史記事本末》卷十四,已詳述元代官制制定之規模。「官制之定」
載:

世祖中統元年四月,初定官制。……世祖即位,始大新制作,乃
命劉秉忠、許衡酌古今之宜,定內外官制,其總政務者,曰中書
省;秉兵柄者,曰樞密院;司黜陟者,曰御史台。體統既立,其
次在內者,則有寺、有監、有衛、有府。在外者則有行省、有行
台、有宣慰司、有廉訪。其牧民者,曰路、曰府、曰州、曰縣,
官有常職,位有常員,食有常祿。其長則蒙古人爲之,而漢人南
人貳焉。〔註9〕

元代官制,在成宗大德以後,即常有增加,尤其以末造之惠宗(順帝)
朝,變易最多,然而不幸變易即招致亂源,且敗壞事權。但大致言之,元代
官制實皆以世祖時代所創者爲主。而元代官制,既出於漢儒之手,復能爲蒙
古大汗接受,實有其特異之趣。考元主接受漢儒之議以漢法統治天下,始於
太宗時中書令耶律楚材之建言,已如前述。再經忽必烈汗潛邸時期之蘊育,
而成於忽必烈汗之稱帝建元。

忽必烈汗,度量寬弘,知人善任,本是人君應具備的條件,但猶難免遭
嚴詞批評,清‧趙翼在《廿二史箚記》卷三十「元世祖嗜利黷武」中呵叱嗜
利黷武爲世祖之本性。〔註10〕然觀歷代開國諸君,爲求鞏固政權,無不東撻
西伐。世祖縱使如此,實時勢使然,未可厚非。因此,世祖在元史上之地位

〔註8〕 《新元史》卷四,「太宗本紀」,頁3。
〔註9〕 《元史記事本末》(台北:三民書局,民國55年版),卷十四,「官制之定」,
頁89。
〔註10〕 《廿二史箚記》,卷三〇,「元世祖嗜利黷武」,頁429~431。

極其重要是無可置疑的。至於世祖爲何能擢用漢儒，實行漢法，究其原因，
重要者有三：

（一）與忽必烈汗潛邸時期受封漢地有關

忽必烈汗之受封漢地實有二因素促成之：（甲）忽必烈汗自三十歲之後即
留心漢地。因自一二四一年太宗窩闊台逝後，帝國版圖遼闊，而漠南漢地秩
序與治安時有問題發生，有鑑於此，忽必烈汗即「思大有爲於天下」，《元史》
「世祖本紀」卷四載：

> 歲甲辰（按即西元 1244 年），帝在潛邸思大有爲於天下，延藩府舊
> 及四方文學之士，問以治道。〔註11〕

由此，顯見忽必烈汗之偉大抱負。（乙）西元一二五一年，助其兄蒙哥汗立爲
大汗，並屢建言治理漢地，致其兄蒙哥汗熟知忽必烈汗賢且留心漢地。故於
立爲大汗後，即慨然委以漢地軍政庶事大權。《元史》「憲宗本紀」載：

> 更改庶政，即任命皇弟忽必烈領治蒙古漢地民戶。〔註12〕

又《元史》「世祖本紀」亦謂：

> 歲辛亥（西元 1252 年）六月，憲宗即位，同母弟惟帝最長且賢，故
> 憲宗盡屬以漠南漢地軍政庶事，遂南駐爪忽都之地。〔註13〕

上述可知忽必烈汗受封治理漢地乃是順理成章的事，也因此使忽必烈汗得有
機會接觸漢地實務，因接觸漢地而增進對漢儒思想的認識，終於接受漢法。

（二）治理漢地累積經驗促成漢法生根

忽必烈汗潛邸治理漢地期間，接受漢儒之議，獲得顯著重大之績效，乃
加強了他對漢儒的信任態度，這種不尋常的信任態度，說明了他日後以漢法
治理漢地的信心。且看以下數則政績：

（甲）「邢州（今河北省邢台縣，忽必烈汗之封地）有二答剌罕言於帝
曰：『邢，吾分地也，受封之民，初民萬戶，今日減月削，纔五七百戶耳，

〔註11〕《元史》卷四，「世祖本紀」第四，頁 1。

〔註12〕《元史》卷三，「憲宗本紀」，頁 2。

〔註13〕同註 11。有關爪忽都之位置與金連川應同屬一地，並與後來世祖即位於「中
都（開平）」，有必然關係。但金連川之正確位置自始即難以指出。就如當時
之記載亦極爲含混籠統，如元‧耶律鑄撰《雙溪醉隱集》（台北：商務印書館）
卷二，頁 7 下至 8 上「金連川」條，僅註「駕還幸所也」。並成一詩曰：「金
連川上水雲間，營衛清沈探騎閒，鎮西虎旅臨青海，追北龍驤過黑水。」亦
可見金連川故址不定。

宜選良吏撫循之。』帝從其言，承制以脫兀脫及張耕爲邢州安撫使，劉肅爲商榷使，邢乃大治。」〔註14〕（乙）「歲壬子（西元 1252 年），帝駐桓（今多倫一帶）、撫（張家口一帶）間，憲宗令斷事官牙魯瓦赤與不只兒等總天下財賦于燕。視事一日，殺二十八人，其一人盜馬者，杖而釋之矣。偶有獻環刀者，遂追還所杖者，手試刀，斬之。帝責之曰：『凡死罪必詳讞而後行刑，今一日殺二十八人，必多非辜，既杖復斬，此何刑也。』不只兒錯愕不能對。」〔註15〕（丙）「歲癸丑（西元 1253 年），受京兆（今西安）分地，諸將皆築第京兆，豪侈相尚。帝即分遣使戊興元（今陝西南部）諸州，又奏割河東（今山西省境）、解州（今山西省解縣）鹽池，以供軍食，立從宜府於京兆，屯田鳳翔（今陝西省境）。募民受鹽入粟，轉漕嘉陵（今四川省嘉陵一帶）。夏遣王府尚書姚樞立京兆宣撫司，以索蘭及楊惟中爲使，關隴大治。」〔註16〕以上例（乙），可知蒙古人對於處理漢地事務不合理，忽必烈汗感到失策，能即時糾正所屬。至於例（甲）與例（丙），可知蒙古不善治理漢地，而改用漢人恢復漢法治理，則必大治。刑州與關隴之大治，頗令忽必烈汗對擢用漢人、施行漢法於漢地之信心大增。更因此而積極徵聘四方文學之士，備爲國用。忽必烈汗至此更確信欲「大有爲於天下」，惟以漢法治理漢地始能成功。

（三）博採漢儒之議接受漢法

忽必烈汗於潛邸時期，已廣泛延攬四方文學之士，並時常聽取眾儒之建議，其間所受之影響必然很大，而以至元三年夏，漢儒許衡之上疏五事最爲具體有力。《新元史》「許衡傳」載：

> 是年（至元三年）夏，分省至上都，衡疏陳五事，其一曰：自古立國有大規模，規模既定，然後治功可期。……前代北方之有中夏者，必行漢法乃可長久。故後魏十六帝，百七十年。遼九帝，二百有八年。金九帝，百二十年，皆歷年最多。其他不行漢法，如劉石、姚符、慕容赫建等，專尚威力，劫持鹵莽，皆不過二三十年而傾敗相繼。……〔註17〕

〔註14〕 同註 11。
〔註15〕 同註 11。
〔註16〕 《元史》卷四，「世祖本紀」第一，頁 2。
〔註17〕 《新元史》卷一七○，列傳六七「許衡」傳，頁 3。

　　許衡上疏暢言實施漢法之利，及日後許衡之受重用，可見忽必烈汗實行漢法之決心。而元代官制能順利制定，其關鍵實繫於世祖一人。

四、關於參與其事之諸漢儒

　　元代官制之建立，實係經長久蘊釀及不斷修正的結果。其間具有影響之人物，自不在少數，然不易查考。本節特就實際參與其事而有蹟可查者，簡要列述如下：

　　（一）《元史》「百官志」之記載：

　　　世祖即位，登用老成，大新制作，立朝儀，造都邑，遂命劉秉忠、許衡酌古今之宜，定內外之官。〔註18〕

　　（二）《新元史》「百官志」之記載：

　　　世祖命劉秉忠、許衡定官制。〔註19〕

　　（三）《新元史》「許衡傳」之記載：

　　　六年（至元），命與太常卿徐世隆，定朝儀，又詔與太保劉秉忠、左丞張文謙定官制，衡歷考古今，分并統屬之序，定為圖，七年奏上之。〔註20〕

　　（四）《新元史》「徐世隆傳」之記載：

　　　至元元年遷翰林侍講學士，兼太常卿，詔命典冊多出其手。……俄兼戶部侍郎，承詔議立三省，定內外官制上之。〔註21〕

　　（五）《新元史》「世祖本紀」二之記載：

　　　七年（至元）二月丙子，帝御行宮，觀劉秉忠、許衡及太常卿徐世隆所起朝儀，大悅，舉酒賜之。〔註22〕

　　由上述五則之記載，可略見世祖時代參與官制制定之重要人物是劉秉忠、許衡、張文謙及徐世隆四人。

五、結語——酌取諸書對元代官制之檢討

〔註18〕 《元史》卷八五，百官志（百官上），頁1。
〔註19〕 《新元史》卷五五，志二二（百官志一），頁1。
〔註20〕 《新元史》卷一七○，列傳六七「許衡傳」，頁10。
〔註21〕 《新元史》卷一八五，列傳八二「徐世隆傳」，頁12～13。
〔註22〕 《新元史》卷八，「世祖本紀」二，頁11。

　　元代官制之創立均出於漢儒之手，而擷取歷代官制之優點，在維繫中國官制傳統的原則下，有所興革，並開創爾後明清之制的規模。然而制法之善與嚴密，終亦不免遭後人微詞。元代官制褒貶互見，不足爲奇。蒙古以一游牧於漠北之我國邊疆民族入主漢地，猶能接受漢法治理漢地，實屬可貴。至若其官階而有等級之差異，以一統治者之立場而言，實無可厚非。以下僅就諸書對元代官制之褒貶分列於后，做爲本文之結語。

（一）關於讚揚元代官制之記載

（甲）《元史》「百官志」載：

　　世祖即位，登用老成，大新制作，……遂命劉秉忠、許衡酌古今之宜，定內外之官。……於是一代之制始備。百年之間，子孫有所憑藉矣。〔註23〕

（乙）《新元史》「百官志」載：

　　世祖命劉秉忠、許衡定官制。……使內外均其輕重，以相維繫。立法之善，殆爲唐宋所不及。〔註24〕

（丙）《續文獻通考》「職官考」載：

　　元自世祖即位，命儒臣討論古今，參酌時變，定內外官秩。未幾，混一區宇，一代鴻模，燦焉大備。〔註25〕

　　上述三則均指出元代官制之宏偉與完備，《新元史》更盛讚元代官制之成就，爲唐宋所不及，而《續文獻通考》則特敘元代官制之建立，使原本混亂之天下局勢得以治理。

（二）關於貶謫元代官制之記載

（甲）《新元史》「百官志」載：

　　上自中書省，下逮郡縣新民之吏，必以蒙古人爲長，漢人、南人貳之。終元之世，奸臣恣睢於上，貪吏掊克於下，痛民蠹國，卒爲召亂之階，甚矣！王天下者不可以有所私也。至一事而分數官，一官而置數員，秩位濫於遙授，事權隳於添設，率大德以後之所增益，

〔註23〕 同註18。
〔註24〕 同註19。
〔註25〕 《續文獻通考》（台北：新興書局，1963年版），卷五一「職官考」，頁考3349上。

不盡為世祖舊制也。〔註26〕

（乙）《元史》「百官志」載：

大德以後，承平日久，彌文之習盛，而質簡之意微，倖倖之門多，而方正之路塞，官冗於上，吏肆於下。言事者，屢疏論列，而朝廷迄莫正之。勢固然也。〔註27〕

（丙）《續文獻通考》「職官考」載：

然帝銳意富國，好用言利之徒，以致歷成、武二宗，奸邪誘進，尚書省竟為鉤考財賦之地，……名位冗雜，前所未有。〔註28〕

（丁）《元史記事本末》卷十四「官制之定」載：

張溥曰：「論職官者曰，官名不正，莫甚於元。中書政本，既有中書令，復立左右丞相。既立左右丞為正宰相，復立平章政事，何多名也，降而末流，丞相且遙授矣！即欲治，得乎？……〔註29〕

　　上述四則所批評者不外指責元代三度設置尚書省，奪取中書省之權限，動搖政本，且其設立旨在歛財，為元官制建立最為後人所垢病者。另外有「一事而分數官，一官而置數員」，乃造成官冗吏繁，徒耗國帑而無濟於事。再者，元代職官之任用，俸祿之給付規定，於定制之初即見諸法令，重國族（蒙古人與色目人），而輕漢人（包括漢人與南人）。〔註30〕

　　縱觀以上之批評，顯見元代官制之缺失大多見於大德以後，而世祖初創時之官制，本屬完善。爾後因人謀不臧與制度運行不當，所造成之弊病，對其制度本身設置之宗旨與功能並無大傷。

（原載：1982 年 5 月，中國歷史學會《史學集刊》第 14 期）

〔註26〕同註19。
〔註27〕同註18。
〔註28〕同註25。
〔註29〕《元史記事本末》，卷十四，「官制之定」，頁92。
〔註30〕此處之漢人當亦包括遼金降民與南宋遺民（南人）。

附錄三：
元世祖時代漢人任職中書丞相府之情形

一、前　言

　　在探討元代漢人政治地位之過程中，中書丞相府實未可闕略，蓋綜元一代，中書省為國家政本，同時中書省以宰相地位為重，「宰相者，上承天子，下統百司，治體繫焉」，[註1] 因此宰相之地位，值得研究。本文擬以《元史》、《新元史》「宰相年表」為主，檢尋其中漢人任職丞相府之員額多寡及職位高低，以與非漢人（蒙古人與色目人）比對，藉以瞭解漢人在丞相府之政治地位。至若本文討論範圍僅限於世祖一朝，主要因為世祖時代乃是元官制初定之關鍵，其政治、制度等皆足以代表蒙元建制中國之精神，且一般言之，世祖時代漢人之地位較受重視，故研究世祖一朝之情形即可見元代政治之梗概。惟取捨於蕪雜之宰相年表中，雖輔以《百官志》、《世祖本紀》與諸列傳，但漏列、誤取之處在所難免，但乃務求其更接近正確耳。值得再一提者，文中所指「漢人」，當亦包括當時金末遺民（即遼裔、金裔之漢化人等與淪陷區之漢人）與南宋之遺民（即所謂之南人）。[註2]

〔註 1〕宋濂等撰修，《元史》（台北：藝文印書館，據清乾隆武英殿刊本景印），卷一百十二，「宰相年表」，葉一，總頁 1340 上。

〔註 2〕關於元代分種族為四類：蒙古、色目、漢人、南人。《元史》「百官志」中載：「官有常職，位有常員，其長則蒙古人為之，而漢人、南人貳焉」；色目人指蒙古人最初征服之欽察、回回、汪古、乃蠻、康里、阿速、唐兀、波斯等地民族，在元代其地位僅次於蒙古人，且事實上被視為準蒙古人看待。而蒙古

二、元代丞相制大觀

元代相權繫於中書省，故欲明瞭元代丞相制，必先對元代中書省之設立加以說明；元之立中書省應始於太宗二年，時以耶律楚材爲中書令。至世祖即位，乃「登用老成，大制新作，立朝儀，造都邑；遂命劉秉忠、許衡酌古今之宜，定內外之官，其總政務者曰中書省……」，〔註3〕則元代中書省之地位於是確立。中書省總掌軍國庶務，而攬有人事、財政及軍事之權，實乃唐制三省合一之體。至元七年，曾議正三省之說，時侍御史高鳴乃上封事曰：

> 臣聞三省設自近古，其法由中書省出政，移門下議，不合則有駁正，
> 或封還詔書；議合則還移中書，中書移尚書，尚書乃下六部郡國。
> 方今天下大於古而事益繁，取決一省，猶曰有壅，況三省乎，且多
> 置官者，求免失政也，但使賢俊萃于一堂，連署參決，自免失政，
> 豈必別官異坐，而後無失政乎！故曰：『政貴得人，不貴多官』，不
> 如一省便。世祖深然之，議遂罷。」〔註4〕

蓋當時議復唐代三省之制者必夥，高鳴乃依元代之特殊環境，力主政事集中一元，獲世祖採納，故仍設中書一省，連署參決，以爲政本。

又，世祖至元七年及二十四年，曾兩度設置尚書省，及後來武宗至大二年一度置尚書省，然均爲時甚短，而且其制度亦不健全。因此，再由世祖時代，阿合馬、桑哥相繼立尚書省，綜理財用，事敗，并入中書而觀之，更可見元代尚書之設，只在理財，實大異於唐宋時之尚書省。另外，至元十四年迄十八年間，有二次立門下省之議，惟因人事關係，未嘗設置。〔註5〕由是可見，總元一代實以中書爲政本無疑。

人常自稱爲國族。另參閱：（一）元陶宗儀撰，（南村）《輟耕錄》（台北：世界書局，西元1963年）卷一「氏族」條中，頁24～28，分別列舉蒙古、色目、漢人之內容。（二）日本箭內亙博士撰，陳捷、陳清泉譯，《元代蒙漢色目待遇考》（台北：台灣商務印書館，西元1975年），曾對陶著《輟耕錄》「氏族」條中，所列蒙古七十二種，色目三十一種，漢人八種，其中重複、錯列或疑誤者詳加考訂，頁7～29。

〔註3〕《元史》，卷八十五，葉一，總頁1029上。

〔註4〕《元史》，卷一百六十，「高鳴傳」，葉八，總頁1795下。

〔註5〕關於元代門下省議立之說，張興唐，《元代官制的研究》（台北，輔仁大學文學院，人文學報第二期，西元1972年）一文，頁17～18（總頁259～260），據《元史》「廉希憲傳」、「董文忠傳」以及屠寄《蒙兀兒史記》「董文忠傳」，加以比對，惟尚不甚明確。

中書省制既確立，擬再就其組織與權責加以探討，當可明瞭元代丞相府之地位。中書省置中書令一員，銀印，典領百官，會決庶務，世祖中統三年封次子眞金爲燕王，並守中書令。至元十年，立燕王眞金爲皇太子，仍兼中書令。考元一代，中書令依例由皇太子兼充，蓋皇太子兼充中書令，藉以多瞭解政務，一旦嗣位，不至茫然。元代既以皇太子兼充中書令，而太子向少參與中書省事，則中書省之事權必落於中書省所設置之丞相等手中，因此丞相實爲中書省之長官。以下特將丞相府建置之官銜、員額、職掌與設置情形，略述於後。

（一）丞　相

丞相，正一品，〔註6〕銀印，其職掌爲「統六官，率百司，居令之次，令缺則總省事，佐天子理萬機」。〔註7〕一般言之，丞相分置右、左丞相（蒙古人以右爲尙），員額各一。然綜世祖一朝，員額之設一至五人不等，蓋輒因中書省之變異而有所增減，或偏廢立。有關世祖時代丞相員額之異動情形如下：〔註8〕

1. 中統元年，置丞相一員。
2. 中統二年，復置右丞相二員，左丞相二員。
3. 至元二年，增置丞相五員，不分左右。
4. 至元四年，復省爲右丞相一員，左丞相一員。
5. 至元七年，立尙書省，不立丞相，而中書省仍置丞相二員。
6. 至元八年，罷尙書省，仍置丞相二員。
7. 至元二十三年，定省台院部官，右、左丞相各一員。
8. 至元二十四年，復立尙書省，（立桑哥爲尙書省丞相），中書省丞相二員如故。
9. 至元二十五年，尙書省置右丞相一員，中書省罷左丞相不置。
10. 至元二十八年，罷尙書省，後乃專任一相。

丞相之下置平章政事，右丞、左丞、參知政事等官輔之，均可稱之爲副宰相。

〔註6〕據柯劭忞，《新元史》，卷五十五，「百官志一」，葉二，總頁615下，謂：「元典章中書左右丞相均從一品，未詳何時改正一品；元初官制，中書令正一品，左右丞相從一品」。

〔註7〕《元史》，卷八十五，「百官志一」，葉二，總頁1029下。

〔註8〕如下各年員額之定，乃據《元史》卷八十五「百官制一」，與《新元史》卷五十五「百官制一」中所列，比照而成。

（二）平章政事

平章政事，四員，從一品，「掌機務，貳丞相，凡軍國重事，無不由之」，〔註9〕其員額之異動情形，亦隨中書省之變異而定：

1. 世祖中統元年，置平章二員。
2. 中統二年，置平章四員。
3. 至元七年，立尙書省，置尙書平章政事一員，尙書同平章事一員，中書省平章政事如故。
4. 至元八年，罷尙書省，併入中書省，置平章政事三員。
5. 至元二十三年，詔請冗職，平章汰爲二員。
6. 至元二十四年，復尙書省，中書、尙書平章各二員。
7. 至元二十八年，罷尙書省，後增平章爲五員，而一員爲商議省事。
8. 至元三十年，又增平章政事爲六員。

（三）右、左丞

右、左丞，各一員，正二品，副宰相，「裁成庶務，號左右轄」。〔註 10〕其員額異動如下：

1. 世祖中統二年，置右、左丞各一員。
2. 中統三年，右、左丞增爲四員。
3. 至元七年，立尙書省，中書右丞、左丞仍爲四員。
4. 至元八年，罷尙書省，右、左丞各一員。
5. 至元二十三年，汰冗職，右、左丞各一員如故。
6. 至元二十四年，復立尙書省，設尙書右、左丞各一，而中書省缺員。
7. 至元三十年，設右丞二員，而一員爲商議省事。

（四）參知政事

參知政事，二員，從二品，「副宰相以參大政，而其職亞於右左丞」。〔註11〕其員額異動如下：

1. 世祖中統元年，始置參知政事一員。
2. 中統二年，參政增爲二員。

〔註 9〕《元史》，卷八十五，「百官志一」，葉三，總頁 103 上。
〔註 10〕同前註，葉三，總頁 1030 上。
〔註 11〕同前註，葉四，總頁 1030 下。

3. 至元七年，立尚書省，置尚書參政三員。中書參政二員如故。

4. 至元八年，尚書併入中書，置參政二員。

5. 至元二十三年，汰冗職，參政二員如故。

6. 至元二十四年，復立尚書省，置尚書參政二員，中書參政二員。

7. 至元二十八年，復罷尚書省，亦罷尚書參政，乃置中書參政二員。

除上所列外，中書省尚有若干重要機構，如：參議中書省事，「典左右司文牘，爲六曹之管轄，軍國重事，咸預決焉」；〔註12〕左、右司郎中，共掌六部諸房之事務等，其他中書省之掾屬亦稱龐大。然而吾人所欲探討之宰相府人事，當以右、左丞相，平章政事，右、左丞，及參知政事爲主。

三、世祖一朝漢人任丞相等職之統計

自世祖中統元年，迄至元三十一年，凡三十五年間，漢人曾「入閣」而爲右、左丞相及平章政事者，有十人；右、左丞及參知政事者，有四十七人之多，茲列表統計如下：〔註13〕

官職統計情形	漢籍官人數	總計人數	漢籍官所佔比例
右丞相	1	9	11.1%
左丞相	2	15	13.3%
平章政事	7	29	24.1%
右丞	10	24	33.3%
左丞	14	24	58.3%
參知政事	23	40	57.5%

由以上之統計可得知：漢人任右、左丞相之比例偏低，任平章政事者已略見提高，約五有其一，任右丞者，約三有其一，但任左丞及參知政事者，顯已超過半數。若以一被征服之民族而言，依當時情況能免淪爲奴隸已屬幸運，復能爲統治者見用，更屬不易。雖其位不高，然其所擔負之幕僚重任，影響一代政策，實不可輕視。下節特針對漢人入丞相府之背景加以分析。

〔註12〕同前註。

〔註13〕按所舉數目，係以各職單獨計算。間有因升遷關係，一人而曾任數職者，概以所涉及各職單獨計算。

四、關於任職丞相府諸漢官擢用之背景與簡歷

本節乃依個人擢用之簡單背景、官職及任期加以陳述；或嫌繁雜，將另立表於後（附表）以示分明。惟《元史》與《新元史》「宰相年表」所載職位及任期稍有出入，故求證於列傳者，略加考訂。至其擢用背景，皆以《元史》列傳爲主，《元史》無其傳，求於《新元史》，兩史皆無傳則簡略。

1. 史天澤，字潤甫，永清人。曾祖倫，好俠。祖成珪倜儻有父風，遭亂賊四起，乃盡散其家財，留有廩粟而已。父秉直，讀書尚義氣，癸酉（宋寧宗嘉定六年，西元 1213 年）太師國王木華黎，統兵南伐，秉直率里中老稚數千人降，木華黎欲用之，秉直固辭，而薦其子，乃以天澤兄天倪爲萬戶。天倪師眞定，乙酉（宋理宗寶慶元年，西元 1225 年）遣護送其母歸北京，爲武仙殺害，天澤於蕪，毅然起而報兄仇。太宗即位立三萬戶，分統漢軍，命天澤爲眞定、河間、大名、東平、濟南，五路萬戶，於是漸進。歷任右丞相（中統二年－至元三年二月改樞密院副使）、左丞相（至元四年六月－五年九月）。

2. 耶律鑄，字成仲，遼東丹王突欲之八世孫，耶律楚材之子，爲漢化之契丹人。楚材薨，嗣令中書省事，時年二十三，後累進。歷任左丞相（中統二年－至元七年正月罷；十九年復出，二十年十月又罷）、平章政事（至元四－五年）。

3. 王文統，字以道，益都人。少時喜讀權謀書，好以言撼人，惟遍結諸侯而無所遇，乃往見李壇，壇與之談甚喜，於是留置幕府，後文統以其女妻壇，依李壇漸受重視，世祖在潛藩時期訪問才智之士，表聞其名，及即位屬精圖治，廣任文統所薦之士，乃立中書省以總內外百官之政，中統元年首擢文統爲平章政事，至三年二月因李壇謀反案伏誅。

4. 趙璧，字寶仁，大同懷仁人，世祖尚爲親王時，聞其名召見，甚重之，後習蒙古語，譯《大學衍義》。中統元年中書省立，授平章政事，至元二年罷，十年復拜平章政事，至十三年卒，至元八年－十年，亦曾爲右丞。

5. 張易，忻州人，與劉秉忠同學，兩史皆無其傳，曾任平章政事（至元七年－十二年）、右丞（至元三年）。

6. 粘合南合，女妾烈氏，契丹人爲遼金舊族，其父粘合重山，初爲質子，知金亡，遂委質於太祖，授必闍赤，直宿衛。太宗時曾爲左丞相。南

合，初爲江淮安撫使，太宗十年詔嗣其父行軍前中書省事，中統二年拜中書左丞，至元元年進中書平章政事，五年卒。

7. 宋子貞，字周臣，潞州長子人，性敏悟，好學工詞賦，弱冠領薦書試禮部補太學生，一時名聞。金末潞州亂，乃走趙魏間，適宋將彭義斌守大名，舉之爲安撫司計儀官，後義斌歿，乃率眾歸東平行台嚴實，此後乃受重視。曾任平章政事（至元三年）。

8. 葉李，字太白，一字舜玉，杭州錢唐人，宋末太學學生，曾與同舍生康棣等八十三人伏闕上書攻賈似道之亂政。宋亡歸隱富春山，世祖屢次江南求遺逸，李不就，二十二年再搜江南賢士，葉李乃至京師。歷任平章政事（至元二十八年）、右丞（至元二十四－二十七年）、左丞（至元二十四年）。

9. 張文謙，幼聰敏，善記誦。與太保劉秉忠同學，世祖居潛邸受邢州分地，後受秉忠薦舉漸升。歷任右丞（中統二年，至元五年復任）、左丞（中統三年－至元三年八月罷）。

10. 張啓元，兩史皆無其傳。曾任右丞（中統二年－至元二年）、參知政事（中統元年）。

11. 張惠，字廷傑，成都新繁人，大兵入蜀，惠年十四，被俘至杭海，居數年而盡通諸國語言，受薦入侍，漸進。曾任右丞（至元十年－十九年四月罷）、左丞（至元八年－九年）、參知政事（至元元年－三年，七年）。

12. 范文虎，《新元史》有其傳，惟佚其籍貫，宋咸淳中遷殿前副指揮使，阿朮攻襄陽，宋以文虎統禁軍來援，遂生異志，於軍中作樂，城陷受責，賈似道祖護之，至元十二年，伯顏分兵至江州，以城降，並領兵助攻宋軍。曾任左丞（至元十五年－二十四年）、參知政事（至元十三年七月）。

13. 崔彧，字文卿，小字拜帖木兒，大同弘州人，少負才氣剛直敢言，世祖器重之。曾任右丞（至元二十五年－二十九年）。

14. 何榮祖，字繼先，其先太原人，金亡，徙家於廣平，累遷中書省掾，漸進。曾任右丞（至元二十八年－三十一年）、參知政事（至元二十五年－二十七年）。

15. 姚樞，字公茂，本柳城人，後遷河南洛陽，少好學，內翰宋九嘉識其

有佐王謀略，中書令楊惟中乃與之觀見太宗，後世祖奇其才，遂漸進。曾任左丞（中統四年－至元二年）。

16. 許衡，字仲平，懷州河內人，世爲農，亂世父通避居河南，幼有異質，七歲入學授章句，遭世亂且貧無書，中統元年與姚樞同詔入侍。曾任左丞（至元七年正月－八年三月以老疾辭）。

17. 張九思，字子有，大都宛平人，父滋，薊州節度使，至元二年九思入備宿衛漸進。曾任右丞（至元三十一年）、左丞（至元三十年）。

18. 呂文煥，安豐人，原仕宋知襄陽府兼京西安撫副使，時阿尤攻襄陽，文煥拒守，屢攻不下，後城下，世祖嘉其忠貞受勸降元，後並請自身將兵攻宋鄂州等地。曾任左丞（至元十四年七月－十五年三月免）、參知政事（至元十一年二月）。

19. 耿仁，未立傳，曾任左丞（至元十八年－十九年）、參知政事（至元十五年－十七年）；於十九年九月伏誅。

20. 郝禎，未立傳，曾任左丞（至元十八年－十九年）、參知政事（至元十三年－十七年）；於十九年三月爲王著所殺。

21. 史樞，字子明，永清人，其父天安，癸酉（西元 1213 年）從史秉直降太師木華黎，以其兄天倪爲萬戶，乃質於天安軍中，遂漸進。曾任參知政事（至元二十二年）。

22. 馬紹，字子卿，濟州金鄉人，嘗從上黨張播學，丞相安童入侍，漸進。歷任左丞（至元二十四年－二十五年，二十七年－三十年）、參知政事（至元二十四年）。

23. 杜思敬，字亨甫，父杜豐；汾州平皇人，爲許衡門生，事世祖於潛邸，累遷侍御史漸進。世祖時曾任左丞（至元三十一年）、參知政事（至元二十九年－三十一年）。

24. 商梃，字孟卿，曹州濟陰人，其先本姓殷，避宋諱改商，父衡，僉陝西行省員外郎，以戰死，梃年二十四，汴京破，乃北走遊東平，時嚴實聘爲諸子之師，世祖在潛邸，受京北分地，聞梃名，遣使詔入，乃漸進。曾任參知政事（中統二年－至元三年八月罷）。

25. 楊果，字正卿，祁州蒲陰人，幼年失怙，自宋遷亳後，乃居於許昌，以章句授徒爲業，流寓十餘年，金正大甲申（宋寧宗嘉定十七年，西元 1224 年），登進士第，後行大司農於許。金亡，史天澤經略河南，

果爲參議，乃漸進。曾任參知政事（中統二年－至元三年）。

26. 王晉，二史皆無其傳。曾任參知政事（中統二年－至元三年）。

27. 李堯咨，二史皆無其傳。曾任參知政事（至元七年－十二年）。

28. 張雄飛，字鵬舉，沂州臨沂人，父琮，仕金，元軍屠許時，獲救，然流離數年，因盡通蒙古語言，廉希憲薦於世祖，乃漸升。曾任參知政事（至元十九年－二十一年）。

29. 王椅，二史皆不立其傳。曾任參知政事（至元二十年）。

30. 耶律老哥，父捏兒哥（爲耶律阿海之三子），遼之故族，元史不列其傳。曾任參知政事（至元二十年）。

31. 郭佑，二史皆不立其傳。曾任參知政事（至元二十三年）。

32. 楊居寬，字子裕，東昌莘縣人，初辟中書省掾，擢左右司郎中，漸升，性剛直。曾任參知政事（至元二十三年－二十四年爲桑哥所陷，下獄而死）。

33. 張住哥，二史皆不立其傳。曾任參知政事（至元二十五年－二十七年）。

34. 張天佑，字吉甫，開封浚儀人，幼給事裕宗太子（眞金），以年老授工匠總官府，累遷。曾任參知政事（至元二十五年－二十七年）。

35. 賀勝，字貞卿，小字伯顏，父仁傑，其先隰州人，後徙京北鄠縣，祖賁，數從軍有功，世祖以皇太弟征雲南時，駐兵六盤，貢獻五千兩，以佐軍資，且言其子仁傑才可用，世祖乃召仁傑，直宿衛，征雲南有功，世祖益重之。勝幼從許衡學通經傳大義，年十六，入直宿衛，世祖器之，日受重視。曾任參知政事（至元二十八年）。

36. 高翥，二史皆不立傳。曾任參知政事（至元二十八年）。

37. 何瑋，何伯祥之子。伯祥，易州易縣人，幼從軍於金，從張柔歸太祖，後瑋襲父職，知易州，兄行軍千戶卒，瑋又襲之，益受重視。曾任參知政事（至元三十一年）。

由以上諸漢人之擢升背景觀之，大抵可分四類，其中以降將居多，其次爲受父兄之庇蔭者，再其次爲受推薦者，而以自身能力及隱者奉詔進者較少。至若其任職年限，雖時有更動，或升或降，然大致穩定。

五、結　論

本文所檢視者，既以「宰相年表」爲主，而局限於宰相年表中所列者，

雖一一求證於世祖本紀及諸列傳，但年表不列者，即難以覺察。惟據此討論當可明瞭世祖時代漢人任職「丞相府」之情形，以及諸漢官之晉陞背景；若欲藉此而論世祖時代漢人之政治地位，則嫌空洞不著邊際，蓋元雖以中書為政本，然因丞相等職之員額冗雜，影響事權之專一，復以其猶不脫離蒙古草原游牧之政治風尚，乃多所箝制，則漢官之影響政治者亦屬有限。

一般皆謂元代蒙古人多方面壓抑漢人任官，惟於世祖時代，頗重視漢人，因此漢人任官者較多；而其後數朝則百般禁止漢人位居高官。何由？豈元初國事未定，統治者極欲擴張發展其政權，而採取大民族主義；迨國事底定，統治者深懼政權膨脹後所產生之「後遺症」──被統治者之日益壯大，乃不惜改以排斥或壓迫主義之統治方式。本文所論僅止於世祖一朝，宜俟他日另文討論世祖以後數朝之情形，屆時或可驗證以上之假說。

附表：元世祖時代漢人任職丞相府顯示表 (註14)

年代／官職	右丞相	左丞相	平章政事	右丞	左丞	參知政事	備註
中統元年(1260)	禡禡		△王文統 △趙璧		△張文謙？	△張啓元	(1)置丞相一員 (2)平章政事一員 (3)始置參知政事一員
二年(1261)	禡禡？ 不花 △史天澤	忽魯不花 △耶律鑄	△王文統 △趙璧 趙璧兒 廉希憲 賽典赤？	△張文謙 △張啓元	闊闊 △粘合南合	△商挺 △楊果	(1)增右、右丞相各為二員 (2)平章政事四員 (3)右、左丞各一員 (4)參知政事二員
三年(1262)	不花 △史天澤	忽魯不花 △耶律鑄	塔察兒 △王文統 賽典赤 廉希憲 △趙璧	△粘合南合 △張啓元	闊闊 △張文謙	△商挺 △楊果	(1)右、左丞增為四員 (2)以燕王真金守中書令
四年(1623)	不花綠員 △史天澤	忽魯不花 塔察兒 △耶律鑄	塔察兒 △趙璧 賽典赤 廉希憲	△粘合南合 △張啓元	闊闊？ 禡禡？ △張文謙 △姚樞	△商挺 △楊果	

〔註14〕本表主要依據新、舊《元史》「宰相年表」，並於漢人名上標以△記號，格中空白，表示該年不置該官，或不詳者。另由表顯示以下三點：

(一)漢人而任右、左丞相者，於至元五年之前，視為常事，但兩後數年則僅於元十九至元二十年間，耶律鑄之再任左丞相。

(二)漢人而任平章政事者，於至元十三年之前，甚為頻仍，但其後除二十八年葉李任職外，漢人無再任其職者。

(三)漢人而任右、左丞、參知政事三職者，總世祖時代稱持續，且人數亦多，尤以參知政事更屬普遍。

年次							
至元元年（1264）	線真 △史天澤	塔察兒 △那律鑄	賽典赤 廉希憲 △粘合南合 阿合馬 △趙璧	△張啓元 阿里別 △粘合南合	△張文謙	△商挺 △楊果 △張惠？	
二年（1265）		安童 忽都察兒 伯顏 △史天澤 △那律鑄	△趙璧 廉希憲 賽合丁 阿合馬 粘合南合	△張啓元	△姚樞 △張文謙	△王晉 △張惠	增置丞相五員，右、左不分
三年（1266）		安童 忽都察兒 伯顏 △史天澤 △那律鑄	廉希憲 △宋子貞 阿合馬 粘合南合	阿里別 △張易	△張文謙	△王晉 △商誕 △張惠	
四年（1267）	安童	△史天澤 △那律鑄	忽都察兒 △粘合南合 △那律鑄	伯顏	廉希憲	阿里別 △張文謙？ △張惠？	復省爲右、左丞相各一員
五年（1268）	安童	△史天澤 △那律鑄	忽都察兒 △粘合南合 阿合馬 △那律鑄？	伯顏 △張文謙	廉希憲 阿里別？	阿里別 阿里？ △張惠？	
六年（1269）	安童	△那律鑄	忽都察兒 阿合馬	伯顏	廉希憲	阿里別？ △張文謙？ △張惠？ 阿里？	

年							
七年 （1270）	安童（中書省）	忽都察兒 △耶律鑄	阿合馬 張易（尚書省）	伯顏 △趙璧	廉希憲 △許衡 △趙璧？	阿里？ 阿里別？ △張文謙 △張惠 △李堯咨 麥求督丁	(1) 是年立尚書省，置尚書平章政事、同平章事各一員、尚書參知政事三員。 (2) 中書省，置右、左丞相各一員、平章一員、平章以下如故。
八年 （1271）	安童（中書省）	忽都察兒	阿合馬 張易（尚書省） △張惠	伯顏？ 趙璧	廉希憲？ △許衡 △張惠	阿里？ 阿里別？ △張惠 △李堯咨 麥求督丁 阿里海牙	(1) 是年，定國號為元。 (2) 罷尚書省併入中書省 (3) 置丞相二員 (4) 平章復置三員 (5) 右丞左丞各一員 (6) 參知政事二員
九年 （1272）	安童	忽都察兒	阿合馬？ △張易 哈伯？	△趙璧	△張惠？	△李堯咨 麥术督丁	
十年 （1273）	安童	忽都察兒	阿合馬 哈伯 △張易	△趙璧 △張惠		△李堯咨 麥术督丁	
十一年 （1274）	安童	忽都察兒	哈伯 阿合馬 △張易 △趙璧	△張惠		△李堯咨 麥术督丁 △呂文煥	
十二年 （1275）	安童	忽都察兒	哈伯 阿合馬 △張易 △趙璧	△張惠		△李堯咨 麥术督丁	

年代	C1	C2	C3	C4	C5	C6	備註
十三年 (1276)		忽都察兒	哈伯 阿合馬 △趙璧	△張惠 昔班		△都禛 △范文虎	
十四年 (1277)		忽都察兒	哈伯 阿合馬	△張惠	△呂文煥	△都禛 別都魯丁	
十五年 (1278)		忽都察兒	哈伯 阿里 阿合馬	△張惠	△呂文煥 △范文虎	△耿仁	
十六年 (1279)			阿合馬 哈伯	△張惠		△都禛 △耿仁	是年，入主中原，宋亡。
十七年 (1280)			阿合馬 哈伯	△張惠		△都禛 △耿仁	
十八年 (1281)			阿合馬	△張惠	△都禛 △耿仁	阿里	
十九年 (1282)	鑀吉剌觩 和禮霍孫	阿合馬？ △耶律鑄	阿合馬？	札珊 △張惠 麥术督丁	△都禛 △耿仁	阿里 △張雄飛	
二〇年 (1283)	和禮霍孫	△耶律鑄	札珊	麥术督丁		△張雄飛 溫迪罕 △耶律老哥	
二一年 (1284)	和禮霍孫 安童		札珊	麥术督丁		△張雄飛 溫迪罕	

年代						任職人員	備註
二二年（1285）	安童	甕吉剌帶	阿必失哈 忽都魯	盧世榮		△史樞	撒的迷失 廉不魯迷 失迷牙 △郭佑 帖木兒 禿魯歡
二三年（1286）	安童	甕吉剌帶	薛闍干	麥朮督丁	也速餶兒	△楊居寬 △郭佑 廉不魯 迷失海牙	（1）是年汰冗職 （2）平章汰為二員、右、左丞相各一員、右、左丞各一員、參知政事二員。
二四年（1287）	安童（中書） 桑哥（尚書）	也速餶兒	薛闍干 麥朮督丁（尚書） 桑哥 也速餶兒 阿魯渾薩理	△范文虎 阿魯渾薩理 △葉李	△馬紹 △葉李	△楊居寬 不顏里海 忻都 △馬紹	（1）是年復立尚書省 （2）中書、尚書平章各二員、尚書右、左丞各一員、而中書省右、左丞省缺、尚書、中書參政改各二員。
二五年（1288）	安童（中書） 桑哥（尚書）	也速餶兒	麥朮督丁	△崔彧	△馬紹	△何榮祖 張住哥 忻都 麥谷	（1）尚書省置右丞一員 （2）中書省罷左丞不置
二六年（1289）	安童（中書） 桑哥（尚書）	麥朮督丁 帖木兒 阿魯渾薩理	伯答兒 麥朮督丁 帖木兒 阿魯渾薩理	△崔彧 △葉李	忻都	△張天佑 △張住哥 忻都 △何榮祖 灰谷	

年	丞相	平章政事	右丞	左丞	參知政事	備註
二七年 (1290)	安童（中書） 桑哥（尚書）	伯答兒 麥朮督丁 帖木兒 阿魯渾薩理	△崔彧 △葉李 忻都	△馬紹	△張天佑 △張住哥 △何榮祖 灰合 燕真忽都魯	
二八年 (1291)	完澤（中書） 桑哥（尚書）	咱喜魯丁 也速鱓兒 阿里渾薩理 雪雪的斤	不忽木 △葉李 忻都	△馬紹（五月改尚 書） 別都魯丁	△賀勝 △杜思敬 △高嘉	(1) 是年罷尚書省 (2) 專任一相，增平章政事 為五員，一員為商議省 事。 (3) 罷尚書省參政
二九年 (1292)	完澤		△何榮祖 不忽木 咱喜魯丁	△馬紹	△杜思敬 梁暗都剌	
三十年 (1293)	完澤	賽典赤伯顏 帖可 剌真 麥朮督丁 不忽木	△何榮祖 阿里 忽魯火孫	△張九思 △馬紹	△杜思敬 梁暗都剌	設右丞二員，而一員為商議省 事。
三十一年 (1294)	完澤	賽典赤伯顏 帖可 剌真 麥朮督丁 不忽木	△何榮祖 阿里 △張九思	梁暗都剌 帖木兒 △杜思敬	△杜思敬 △何瑋	

（原載 1979 年 7 月，中國邊政學會《中國邊政季刊》第 65、66 期合刊）

附錄四：元朝文化發展與其衰亡之關鍵

　　元帝國，初崛起於蒙古之一部族，繼而併吞四鄰，勢力漸大，遂南下倒金滅宋。自太祖一二〇六年稱汗於斡難河上源，至世祖一二七九年滅宋前七十餘年間，蒙古征服者，均為游牧狩獵而兼掠奪，無一定生業，惟手慣劍槊之器，耳習殺伐之音，疲於征戰，既無文字，則其文化實僅限於日常生活與游牧有關等方面；而論其部落組織型態與法律等皆極為簡單，且源於部落之習慣者居多。迨其帝國向外擴張之際，最先接觸者有漢文化與西域文化（所謂伊斯蘭文化），則此後蒙古文化之發展無不受此二者之影響，表現於政治方面者尤其明顯。元朝建國過程中自當與此二文化關係極為密切。本文試由漢文化及西域文化在元朝建國初年所扮演之角色，以瞭解元代文化之發展與其衰亡之關鍵。

一、元代漢文化與西域文化互相推移與消長

　　蒙古帝國興起之初既無文風法制，則其草原封建式之部落組織已不能統治廣大之帝國疆域。其最先接觸之外來文化，應是西域文化；西域文化者，實即色目人之文化。元時凡非蒙古及廣義之漢人，皆列為色目人，而色目人當亦包括畏兀兒、汪古、哈喇魯、康里、欽察、回回、唐兀及土蕃等西域諸民族。若從語言學而觀之，十三、四世紀時，大多數之西域人皆同屬於烏拉·阿爾泰語族（Ural Altaic Family），〔註1〕且中亞一帶之西域人以操突厥語者居

〔註1〕　「烏拉·阿爾泰」語族，在語言結構上而言乃屬習見之世界三大語言類型之一的膠著語（Agglutinative）。〔另二類型其一為孤立語（Isolating），漢藏語族屬之；其二為曲折語（Inflectional），印歐語族屬之。〕是多音節而單音調，

多，蒙古語與突厥語間之共同語彙極多，其語法結構亦甚爲相近，因此其間因接觸而相互瞭解之成分必大。而西域人中，最先與蒙古接觸而活躍於政壇者爲突厥種之畏兀兒人與河中一帶突厥化之伊蘭人。畏兀兒人，即唐時之回紇或回鶻，本亦爲漠北之游牧民族，西遷入天山南麓後，乃漸拋棄其游牧生活型態並吸收西域城民之文明，而發展爲合成式之文明。〔註2〕因此畏兀兒人亦由伊蘭人處習得經商之本能，初則因於商業方面之關係，次則在蒙古帝國之政治舞臺佔有相當地位。經成吉思、窩闊台、貴由及蒙哥四大汗時代，迄忽必烈之建立元朝，甚至終元之世，西域人之勢力有增無減，〔註3〕且始終居於重要地位，其間漢人雖曾二度抬頭，但皆爲時不久：其一爲窩闊台汗時代，仰慕漢文化之遼裔耶律楚材受寵見用，然自始則與西域人鬥爭，終不敵西域人強大之勢力，耶律公或因此鬱悶而卒；其二爲蒙哥汗時代，世祖潛邸，局部之「漢人政治」派形成，並延至中統初年，漢人勢力普遍抬頭。中統三年，李璮事變、王文統伏誅後，則元廷之政治、經濟權力皆轉入西域人之手；漢人於世祖潛邸時代至中統年間苦心經營而來之優勢，從此一蹶不振。後來有仁宗時代所謂之「廷祐儒治」（西元 1312～1320 年），規模治績雖不減世祖中統及至元初年，然其時政府機構積弊已深，殊難返正，且人亡政廢，終元之世，盡是西域人之天下。

西域人除於政治、經濟、宗教上扮演之重要角色外，其中擔任教師而影響蒙古大可汗者，實爲當時漢人無法與之競爭之原因。自成吉思汗起即用哈

其語詞由語根（root）表現其主要意義，而以接尾詞或附添詞（suffix）表示其語法上之關係；其文法上之排列是按主語（subject）、受語（object）、述語（predicate）之順序。蒙古語、滿洲語、維吾爾語、土耳其語、日語、韓語皆屬之。

蒙古口語與文字，因年代長久之關係，常有不一致之處；而且口語由上古（初期）、中古（中期）至近代（近期）隨時代而變化，復有北方音與正統音等之不同。以上參閱：（一）哈勘師，《蒙文入門》（臺北：文史哲出版社，西元 1968 年）。（二）札奇斯欽，〈蒙古的語言和文字〉，見邊疆文化論集（二），頁 249。

〔註2〕 關於回鶻西遷後與城居民接觸，而發展成「合成式」之文明，首見於日本學者羽田亨著之《西域文明史概論》，第十章，「回鶻時代の西域文明」。而合成式之回鶻文明，在元朝文化發展過程中，扮演極重要之角色。

〔註3〕 關於元代西域人於元廷之活動，參考：（一）蕭啓慶：《西域人與元初政治》，二、三、四各章，（二）李符桐：〈畏兀兒人對於元朝建國之貢獻〉一文（原載臺北：師大學報十五期，西元 1964 年；集於臺北：中華學術院，《史學論集》第三冊，頁 328～398，西元 1977 年）。（三）袁冀，《元史研究論集》（臺北：臺灣商務印書館，西元 1974 年），「元代之畏吾兒」，頁 189～202。

喇亦哈赤北魯、塔塔統阿、岳璘帖木爾教導諸皇子或王子，〔註4〕成宗以後諸帝復有阿失帖木兒、阿鄰帖木兒、沙剌班〔註5〕等人出任皇子師保，因此忽必烈汗以後諸帝中武宗、英宗、明宗及順帝皆很明顯深受畏兀兒教育。諸帝自幼既濡染西域文化，則其政治作風亦必趨於西域化。

　　元朝建國表面上雖為中國式之王朝，然實質上並不是基於漢文化之中國式政治，蓋元廷於世祖至元初年以後即大量進用西域人，而以西域人操作中國式之機關於廣大漢人地區，其間困難可知。吾人必欲深入探討為何西域文化易為蒙古人所接受，除因上述蒙古大汗接受畏兀兒文化教育外，其普遍存在於日常生活間之思想習慣當不可忽略。畏兀兒文化之特點乃是經過合成而發展之文明，其基礎尚可尋者乃是城居行商與原來草原游牧等兩種型態。蒙古係純粹草原游牧之文化型態；漢地則屬純粹農業定居民之文化型態。由此觀之，則蒙古接受西域文化易，接受漢地文化難。此一文化基礎上之迥異，纔是漢人失勢之主因，並非漢文化不敵西域文化。而元朝國祚不永，實可歸因於此。試觀其後另一邊疆民族滿洲人之建立清朝（西元 1644～1911），因其未入關前之文化基礎乃是游牧、漁獵與農業並兼之型態，與漢人農業文化有融合之可能性，〔註6〕故能享二百六十八年國祚。此外，西人衛特福格爾（K. A. Wittfogel）及馮家昇在其合著《中國遼代社會史》一書中，即以邊疆民族之契丹與蒙古，女真與滿洲各為一組，比較其統治（局部或全部）中國之結局，而認為：前者（契丹與蒙古）之所以不同於後者，乃是因於行游牧生活之契丹與蒙古，其生活方式基本上與中國漢人之文化迥異，基於此截然兩樣之文化型態而產生文化融合上之「抗阻作用」。〔註7〕至若女真與滿洲，則於游牧之外，雜以初步農耕型態，尤以滿洲人在未入關前游牧型態已大減，則其對中國文化之抗阻力較小，而易於接受中國文化，終能融合於中

〔註4〕皆見於《元史》，卷一二四，本傳，頁 4～8。另見，《蒙兀兒史記》，卷四十五。

〔註5〕阿鄰帖木兒，為哈剌亦哈赤北魯之子，亦見《北史》，卷一二四，本傳，《蒙兀兒史記》，卷四十五，頁 2 下。阿失帖木兒為孟思速之子，見《元史》卷一二四，《蒙兀兒史記》，卷四十五，頁 12 上。沙剌班，為阿鄰帖木兒之子，見《蒙兀兒史記》，卷四十五，頁 2 下－3 上。

〔註6〕參閱：管東貴〈滿族入關前文化發展對他們後來漢化的影響〉（載臺北：中央研究院歷史語言研究所集刊第四十本，西元 1968 年），頁 277～279。

〔註7〕文化抗阻（Cultural Resistance），是一個民族對於某些外來之信仰、思想及行為等模式之接受與否。參引：《雲五社會科學大辭典》，第十冊，「人類學」，喬健撰，「文化抗阻」條，頁 31。

國文化之中。〔註8〕由此可知，邊疆民族建立政權於中國農業區之久暫，繫乎其本身基礎文化型態與接受農業文化之程度。

二、元代文化發展之困難與弱點及其影響

探討蒙古興起初期之文化，首先面臨之困難乃是蒙古本身史料缺乏，蓋游牧人民天生與自然環境搏鬥，重視生活之實體，而忽略歷史發展之動態，早先既無文字，故見之於文字記載者甚少，《蒙古秘史》〔註 9〕或可作為蒙古早期文化發展之代表作。帝國擴張後，其文化發展則漸趨於多元型態，並影響十三、四世紀世界文化之發展，關於此期之資料頗為豐碩，馬可孛羅遊記乃是膾炙人口之作。〔註 10〕因此，若從其對世界文化發展之貢獻觀之，則蒙古文化具有特殊而不可忽略之意義。然元朝既建立於中國境內，則中國學者必欲置之於中國文化發展之一環，致苛責多於褒揚；無可掩飾者，吾人仍不免囿於此一觀念。但本文所討論者，乃其衰亡之關鍵，故捨文化發展之一般

〔註 8〕 K. A. Wittfogel & Feng Chia-Sheng（馮家昇）A History of Chinese Society: Liao（907～1125）（Philadelphia: The American Philosophical Society, 1949.

〔註 9〕 《蒙古秘史》，史皆作「忙豁侖，紐察，脫察安」，至少在明清之前，多不明其為何義，清・錢大昕氏刻本甚至刪去該名，尚有許多研究《蒙古秘史》之學者常費心猜測，但皆不得要領，待札奇斯欽先生譯註《蒙文黃金史》「Altan Tobchi」，該書頁 6，註 2 中始獲明確之解釋。事實上，「忙豁侖・紐察・脫察安」乃是蒙古語「Monggol-un-Nigucha-Tobchiyan」之對音，意為「蒙古——的秘書——總綱」，即今稱之《蒙古秘史》。

除譯為《蒙古秘史》外，尚有譯成「元朝秘史」或「元秘史」者。而有關該書之作者與撰寫時間，均是不解之謎。

關於歷代《蒙古秘史》之版本繁雜，可參閱《元朝秘史三種》（據四部叢刊刊本，葉德輝本、十五卷本影印）中，張興唐先生所作之題解，附錄。

《蒙古秘史》是蒙古民族極難得之一著作，其中記載之語法質樸，毫無諱飾，全書從蒙古之先世敘起，中間多記太祖鐵木真之事，而止於太宗窩闊台，但有關太宗之記載亦極少。故日本學者那珂通世將之改名為《成吉思汗實錄》，實有其用意。而由《蒙古秘史》所記事物範圍之廣泛，知其中必隱涵著蒙古民族可貴之生活體驗或哲理思想。因此其價值亦可想見。

張興唐先生將《蒙古秘史》之價值分成史學、文學、語言學與社會制度等四方面來討論。見《元朝秘史三種序》，頁 18～20。本文從文化角度以探討元朝衰亡，故對《蒙古秘史》之研究，有助於理解元朝之社會結構。

〔註10〕 並參閱：德人克勞斯（Dr. F. E. A. Krause）教授原著，姚從吾譯注，《蒙古史發凡》Die Epoche der Mongolen（北平：輔仁大學出版，輔仁學誌第一卷第二期（西元 1929 年），第一編，第十節，中國皇帝時代的忽必烈——政治設施與和平方略，頁 22～23。

良性效果（功能），〔註11〕而專注於其不良之反應，若困難或弱點等，茲略加分析。

（一）元代文化發展之困難

國家之建立，必俟其內部之和諧安定，而後可發展其文化。元朝建國，本應力求新局面之文化發展。如：為因應現實需要，得適時改變其舊有之部落觀念，融入農業社會之中，並變更其原有之民族觀念和國家觀念，成為一新興之民族國家觀念（如捐棄種族歧視等），藉以彌補其以少數統治多數之缺陷，並鞏固其建國基礎。何其不幸，元朝建國之初，文化取向自始即處於兩難（傾向漢文化抑或西域文化）困境。因此，吾人將元代文化發展之困難，歸諸於蒙古本身文化基礎不夠穩固——既未能獨立發展，復以其文化取向始終搖擺不定；縱使在現實環境迫切需求（漢地宜以漢法始能治之）之壓力下，政治上卻捨漢人而用西域人。此乃造成元代新文化無以推展之主因。

（二）元代文化發展之弱點

元代既以蒙古人為尊，並挾「準蒙古人」之色目人而統治為數眾多之漢人，其政策自始即陷入歧途，既而過分依賴色目人之能力，為其總攬國家政治、經濟、軍事等庶務，極盡壓榨防範漢人之能事，卻不知為發展新民族主義而努力。由此可知，元代之民族因素實為其文化發展過程中之主要障礙與弱點。

其次，吾人試由元政權在中國歷史文化發展中，其維護「法統與道統」〔註12〕力量上之比重，藉以解析元代文化發展之弱點。惟此處所指之法統與

〔註11〕據江炳倫：《政治發展理論》（臺北：臺灣商務印書館，西元1973年，二版），第二篇體系分析法與政治發展研究，頁79，稱「良性功能」為：令人滿意而合法之功能，對體系之存在價值有所助益。反之，「惡性功能（dys-functions）」乃是被認為不滿意而且會損害體系的存在價值。

〔註12〕法統與道統之一般性解釋：

王船山（夫之）《讀通鑑論》（臺北：世界書局，西元1962年）卷一「秦始皇」條，頁1，謂「法備於三王，道著於孔子」。「道」即道德，人類生活之道是也。「法」即法度，社會生活規範是也。於國家則指立國之道與繫國之法。「統」即倫緒，創業重統也。道統，乃中國歷代聖聖相承一貫之統緒也，若伏羲——神農——黃帝——堯——舜——禹——湯——文武——周公——孔子；中國歷朝建國精神之所託也。法統，中國歷代王朝興廢之統緒也，若正統；取朱子之說，即謂秦——漢——東漢——蜀漢——晉——東晉——（南朝）宋齊梁陳——隋——唐——五代（梁唐晉漢周）——宋——南宋——元——明——清——民國。法統、道統猶國家之體用或表裏，缺一不可。道統，所以

道統，與前人所述不盡相同，因宜稍加詮釋。「法統」乃是指一國家或政權之主權與法制之承續形式，與正統之意相近，其力量則指該國家或政權維護其主權存在之有形利器，如軍事、武功、法制等。「道統」則是指潛藏於一國家政權或民族內部之文化傳遞形式，道統既以文化爲基礎，故其所代表之力量，亦乃國家政權存在賴以維繫之無形力量，所謂文化與國家意識即是。現代國家觀念中，必稱土地、人民、主權、獨立。然國家之存在，不能端視該四要素之具備而定，尚有賴於便利國家主權行使，鞏固獨立地位之國家意識。故吾人比之國家爲一有機體，法統其軀殼也，道統其靈魂也。倘若靈魂無軀殼以附，則散漫不實；軀殼無靈魂爲其生命，則雖存猶亡，故國家之發展必需二者兼備。

　　吾人言道統，並不排除元朝道統力量發展之可能性，蓋元雖爲一邊疆民族，既入主中國而建立政權，新文化發展過程中發生衝突只是一時之變象，要求調和，乃是萬世之常情。因此若能改以新民族觀念，當亦可發展成功一道統力量，以維護其政權之茁長與壯大。元朝之建立，意即已取得中國歷史之法統地位，以其法制完備，軍事武功亦甚爲強盛，尚足以暫時維繫其政權。然而元朝賴以存續或圖興盛之無形因素——道統力量，卻不得發展。故元朝入主中國，僅有法統而已，道統則始終未能建立，因而影響其國祚。綜觀元朝文化，道統力量既未能發展成裨益國家政權鞏固之有利形勢，意即代表元朝獨特之文化或未萌芽，或夭折而無法長成。此乃元朝文化發展過程中之另一弱點，而此一弱點實植因於前述民族因素而引起。

　　元代文化之發展既有上述之困難與弱點，而元廷之領導統治階層始終未能明瞭掌握文化對於其民族之重要性，比掌握政權更爲有利，故而對待漢人，縱是最基本之籠絡亦甚吝嗇，反加以各種形式之壓制監視等手段，既疲於防範，何有餘力發展其文化。元朝建國既無文化基礎爲其政本，故其統制之策略上演變成一微妙之三角「民族、武力、政權關係，以民族供作武力，以武力鞏固政權，以政權保護民族。〔註13〕自來游牧民族之興起，必先合其附近諸部落，繼則聯盟他族，乘其聲勢而壓制其征服區之多數人民，蒙古合西域人而統治中國即是一例。元代蒙古人合西域人，藉政治、經濟、軍事等力量

　　維繫國家社會之安定；法統，所以端正立國之地位。要之，立國以法以道，則國恆興；否則，必至分崩離析，雖存猶亡。
〔註13〕以上參考：管東貴，〈滿族入關前文化發展對他們後來漢化的影響〉，頁271～276。

壓制漢人而鞏固其政權，並利用各種特權保護蒙古征服者唯我獨尊之無上地位。既而沉迷於此一自認穩當之形勢，失去新文化型態發展之可能性，或是畏於人數眾多之漢族人口，而不作基本上之融合措施，卻仍勉強為之。故吾人稱元亡，亡於文化實不為過。

三、元朝衰亡之關鍵

「衰亡」依字面上之解釋，應指由衰落而至覆滅之過程而言。〔註14〕當代英國大歷史家湯恩比（Arnord Joseph Toynbee 1889～1975）對衰落之本質有其獨特之看法。湯恩比研究之出發點一如德國哲學家史賓格勒（Oswalp Spengler 1880～1936）所著《西方之沒落（The Decline of the West）》精神，皆謂文化為有機體（Organism），〔註15〕對衰落之探討，應重視歷史事件背後所賴以形式之實質因素——政治文化。故而湯恩比在其巨著《歷史研究（The Study of History）》中稱「衰落」之本質可歸為三端：（一）創造之少數失去其創造能力，而僅成為「當權」或「統治」（Dominant）之少數；（二）繼之而來者，乃是多數人民不再效忠及模仿彼少數；（三）此後社會之整體失去其原來之統一性。〔註16〕吾人以為湯恩比對衰落性質之解釋可適用於朝代興衰之探討。

若謂蒙古帝國經歷文明之創造與成長過程，〔註17〕依湯恩比稱：文明之

〔註14〕衰亡一詞，習慣上取衰落（decline）與翻覆（fall）以綜其意。衰落，猶衰頹（deterioration）也，表現於史學上政權存亡之意義者，如羅馬帝國之衰亡（The Decline and Fall of the Roman Empire）。參閱：Jess Stein （Editor of Chief）, The Random House Dictionary of the English Language（New York: Random House, 1971）, p. 135, "decline".

〔註15〕參考：史賓格勒（Oswald Spengler）德文原著，陳曉林據愛金生（Charles F. Atkinson）1962 年版之英譯本迻譯，《西方的沒落》（The Decline of the West）（臺北：華新出版公司，西元 1975 年）第三章「文化有機體」，頁 88。

〔註16〕參引：湯恩比（Arnord Joseph Toynbee）原著，陳曉林併據索摩威爾（D. C. Somervell）之節本與湯氏自行縮節之「圖解修訂本」（The New One-Volume Edition, Illustrated）譯成，《歷史研究》（The Study of History）（臺北：桂冠圖書公司，西元 1978 年），第十九章「問題的本質」，頁 497。

〔註17〕陳曉林譯，《歷史研究》，第十五章「被遏抑的文明」，頁 365～399。湯氏將游牧民族之文明發展歸為被遏抑之文明型態。吾人以為純游牧民族之文明發展，固受氣候地理自然環境因素之影響，然蒙古人於帝國擴張過程中，已漸次沾染外來文明，而建立地跨歐亞之廣大帝國，則謂其曾有光輝之文明殊不為過。

衰落恒先於政治實體之衰敗，則元朝之建立，實已處於文明發展過程中強弩之末。故元朝建國，在政治層面上雖獲得勝利，然由其文化層面觀之，則崩潰之跡象早已顯露矣！

　　元朝之衰敗，論者每謂世祖以後諸帝多相繼耽於逸樂，復無賢無德，致朝政日壞。而若干史家將亡元之因匯集於末帝妥懽帖睦爾（西元 1333～1368年）一人身上，殊失公正。本文由文化特質探討元朝衰亡，特藉以指出元朝衰亡實植因於建國之時，論其關鍵應在忽必烈汗，其時間則爲至元十七年（西元 1279 年），宋亡後，蒙古元承襲中國歷史正統；甚或更早，而可溯自中統元年（西元 1260 年）忽必烈之即大汗位，已於前述文化發展之討論中闡明元朝建立在上述矛盾之基礎上。復以蒙古帝國擴張時期之民族精神喪失，如湯氏所謂「創造之少數」於此期已不再扮演拓荒者之角色，既擠身於統治者之地位，實則踏上衰落之途。近年美人達第士（John W. Dardess）亦從文化之角度而研究元朝政治，其著作《征服者與儒家─中國元末政治變遷（Conquerors and Confucians: Aspects of Political Change in Late Yuan China）》一書，緒論中曾指出：蒙古元完全統治中國之九十年（西元 1279～1369 年）間，蒙古大帝國之政治實體（Political Entity）籠罩整個中國，然此一實體實際上僅爲中國歷史統緒之片段。而蒙古帝國之不能長久維持統一早已大白，蓋自一二六〇年以後忽必烈汗之崛起與其建立以北京爲中心之帝國，亦即註定大蒙古政治實體改變之第一步，於是形成若干獨立之蒙古征服地區，如中國之元，中亞之察合台汗國，波斯之伊兒汗國及俄羅斯之欽察汗國。〔註 18〕其意乃指出蒙古帝國之分裂關鍵在忽必烈汗，雖未論及中國元朝之政治實體改變情形，然吾人由元朝文化發展過程而觀之，則可進一步指出：忽必烈汗於中統元年，所建立以北京爲帝國中心之中國式王朝，不但使原來大蒙古帝國之政治實體改變，同時已爲爾後元朝建國之發展種下先天性之不良反應，蓋元朝建立，蒙古統治者只是握有政治實體之外表形象，而未能控制政治實體賴以鞏固之文化實體，而此文化實體之所以未能發展，乃植因於忽必烈汗中統元年即蒙古大可汗位，卻建立中國式之王朝。觀其推行漢法政策期，在中國歷史傳統之意義上而言，忽必烈所作所爲無非是邁向大一統之途徑，故其政策受到普遍之讚揚，此乃中國史家民族利己或自我主義（Egoism）所持之立場。但事實

〔註 18〕John W. Dardess （1937～ ？），〈Conquerors and Confucians: Aspects of Politlcal Change in Late Yuan China（Edited at Columbia University, 1971），pp.1～5.

上，漢法推行時代為時甚短，縱能建立一完善之政治機構，惜未能繼之以穩固之行政理念，亦即缺乏有經驗有幹才之漢儒官員繼續參與實際行政，則機關雖設，但運作不靈，即形同廢置。故而吾人必稱元朝文化實體之發展，初受創於中統元年忽必烈即蒙古大可汗位所引起汗位之爭，繼則夭折於漢法政策之受阻。要之，吾人稱元朝衰亡之關鍵在忽必烈汗，乃是據以上諸因素而論定。

（原載：1980 年 5 月，中國歷史學會《史學集刊》第 12 期；另收錄於：1984 年 3 月出版，幼獅文化事業公司《中國史學論文選集》第五輯。）